Solo VAN Life

Susanne Flachmann

Solo VAN Life

Mut zum Aufbruch allein:
Solo-Geschichten, Interviews und Praxistipps

BRUCKMANN

Das Leben ist zu kurz,
um Vielleicht zu sagen

N
E
S

Inhaltsverzeichnis

BEACH

WWW.TACHICKS.DE

Über mich

LIFE BEGINS AT THE END OF YOUR COMFORT ZONE

Vor sieben Jahren bin ich gestartet. Überstürzt, planlos, völlig unerfahren. Es war einfach an der Zeit, mich aus dem alten Leben zu verabschieden, mich zu befreien von all dem Negativen, das sich um mich gesammelt hatte. Ich dachte nur noch diesen einen Gedanken: Ich muss raus, um wieder zurück zu meinem eigentlichen Sein zu finden, zum wirklichen Leben zu kommen. Raus in die Fremde, um bei mir zu landen.

Also habe ich ein Auto gekauft, Zeug reingeworfen, mich auf unbestimmte Zeit verabschiedet und bin in Richtung Süden gesteuert. Das erste Mal im Leben im großen Auto, das erste Mal ohne Plan, das erste Mal allein.

Schon ab den ersten Kilometern war ich eine genießende, glückliche Alleinreisende und wusste: Ich brauche das wochenlange Touren zum Ganz-Sein. Ich brauche die Stille, das Nur-für-mich-Sein. Ich höre mir zu, bin ganz in meiner Welt. Dieser Zustand macht mich gesund.

Und ich habe gelernt, dass ich überall zu Hause sein kann, weil ich mich oft wahrhaftig angekommen fühle. Dazu brauche ich nicht viel: Mein Auto (es darf aber auch mein Motorrad sein) steht ganz nah, ich atme ruhig, sitze barfuß, ein Bier in der Hand, und blicke in die Ferne – ich kann mir nichts Schöneres vorstellen.

Komm mit und lass dir zeigen, wie schön es ist, die Welt alleine zu erkunden! Wie wenig du brauchst, um dich ganz zu spüren, und wie viel es dir gibt, dich alleine zu beweisen. Probiere sie aus, deine Reise inmitten einer wunderbaren Welt, die dich erwartet. Erlebe, wie positiv die Menschen auf dich reagieren, wenn du ihnen mit einem Lächeln und Augen voller Neugierde begegnest.
Alles ist gut.

Life is fun

Über Franz

EINE LIEBESGESCHICHTE

„Franz der Erste“ kam zu mir, wie man sich eine Lovestory vorstellt: In grimmigen Zeiten wünschte ich mir einen Fluchthelfer aus diesem Leben ... und da erschien, ganz plötzlich, erst wie eine Vision, dann immer klarer, leise durch die Nebelschwaden der Ferne eine leuchtend-strahlende Figur: mein Franz!

Ich habe mich sofort schockverliebt und deshalb alles falsch gemacht, was man beim Autokauf falsch machen kann: keine Fragen zur Technik, zum Zustand, zum Ausbau ... Ich habe Franz einfach nur tief in die Scheinwerfer geblickt, und er hat mich ohne zu zögern mit nach Hause begleitet.

Franz war der Kokon, den ich damals brauchte. Er hat mir Raum und Zeit zum Wachsen geschenkt und mich vor Heimweh, schiefen Blicken, dem anstrengenden Außen beschützt. Er hat mich die Welt entdecken lassen, mich tapfer und brummend über alle Straßen meiner Wahl getragen – und mir dabei nicht nur gezeigt, wie lustig Europas Mechaniker sind, sondern auch, wie entspannt freies Leben ist.

Doch meine erste Liebe musste sich (leider! Ich weine ihm noch heute nach) dem Alter beugen ... also habe ich mir einen Jüngeren angelacht: „Franz-Josef“. Er war eher eine Kopfentscheidung über ein Dating-Portal (Autoscout24), trotzdem hat es sofort gefunkt! Äußerlich ist er zwar keine so charaktervolle Erscheinung wie mein Erster, aber mit Traummaßen und knuffig. Genug, um mein Lebensbegleiter zu sein. Seine inneren Werte (ein wunderschöner, hellblauer „Burow“-Ausbau) trösten mich sehr über die tragisch-schlechte Konstitution der Blechhülle hinweg. Ich werde noch mal (unfassbar) viel Geld in den Unterboden stecken, um mir mehr Zeit mit Franz-Josef zu erkaufen. Denn er soll mich weiter begleiten in meinem unverschämt-glücklichen Reiseleben, mich weiter die abgelegensten Pisten entdecken lassen und immer das sein, was ich an meinem kleinen Kastenwagen von ganzem Herzen liebe:

*Heimat,
Frieden,
Abenteuer.*

SERVICE
ΕΥΘΥΓΡΑΜΜΙΣΕΙΣ

BOXER

Im Auftrag des
ADAC

ADAC
Im Auftrag des ADAC

Was spricht eigentlich dagegen?

Klar spielst du mit dem Gedanken, alleine loszufahren, sonst hättest du dir dieses Buch nicht gekauft (worüber ich mich sehr freue!).

Bevor du die nächsten Seiten liest: Überleg doch mal, was deine WIRKLICHEN Gründe sind, warum du nicht einfach deine Sachen packst und losfährst? Notiere hier deine Gedanken – denn am Ende des Buches werde ich dich noch einmal fragen.

Was hindert dich an der Abfahrt?

Wer hält dich ab? Und warum?

Was meinst du alleine nicht zu schaffen? Wofür bräuchtest du Begleitung?

Was bereitet dir grundsätzlich Sorgen vor einer Tour?

Was wäre das Schlimmste, was dir unterwegs passieren könnte?

1.

2.

3.

Freiheit ist etwas, das stirbt,
wenn du es nicht nutzt.
Hunter S. Tompson

1.
Raus von zu Haus:
Warum ich immer wieder weg muss

Vorfreude ist die schönste Freude | Mir scheint, als sei dieser Spruch nur für mich geschrieben. Lebenszufriedenheit bedeutet für mich, stets irgendeinen Plan, ein Ziel und eine Reise im Blick haben zu dürfen. Ich brauche permanent die Vorfreude auf eine neue Tour. Mit dem Plan eines nächsten Ziels stecke ich Schlechte-Laune-Attacken viel lockerer weg, und die Erinnerungen an Momente „on the road" machen mich sehr gelassen. Mit meiner Vorfreude auf die nächste Tour kann ich meinen schwarzen Gedanken und trüben Tagen einfach besser begegnen: Dann visualisiere ich mich in meinem Franz, sehe die Straßen vor mir und spüre diese zutiefst meditative Ruhe, die mich beim Fahren erfasst.

Nein, meine „Normalität", mein Alltag ist gar nicht schrecklich. Ich habe ein insgesamt feines, sehr freies Leben – und vor allem lebe ich ausgesprochen gerne im Jetzt. Ich bin gerne zu Hause mit meinen Lieben um mich, in meiner schönen Umgebung. Aber ich brauche auch Abwechslung. Routine killt mich. Das Wiederholen von Gleichem lässt mich schnappatmen und gibt mir das Gefühl, gefangen zu sein, eingesperrt im Hamsterrad. Auch im normalen Leben versuche ich, immer wieder Neues zu erleben, mich neuen Herausforderungen zu stellen, um meine Sinne nicht verkümmern zu lassen. Ich suche neue Wege zu alten Zielen, schwierigere Aufgaben, andere (berufliche) Herausforderungen ... aber ich brauche auch die Bewegung durch die Welt, das Fahren, das Vorwärtskommen. Ich will das Neue sehen, will entdecken und erleben und immer neue Bilder in mir sammeln, um mein Herz zu füllen.

... FREIHEIT. UND ZWAR JETZT!
ICH WERDE NIE MEHR SEIN,
WAS ICH SOLL,
SONDERN WERDEN,
WIE ICH BIN.
ICH MACH DEN AUSBRUCH, DRÜCK RESET,
DENN DAS LEBEN IST NICHT MORGEN,
SONDERN JETZT ...

"JETZT" VON IRIE RÉVOLTÉS

Ich verinnerliche also meine Pläne zur nächsten Reise und bezeichne sie als „Fluchtpläne". Nur mit dieser Vision habe ich das Gefühl, im Alltag zu bestehen und nicht gefangen zu bleiben. Und nur mit diesen Gedanken an eine schöne, nahe Zukunft kann ich völlig gelassen in der Gegenwart bleiben, im Jetzt sein.

Das Absurde ist: Die Vorfreude nimmt exponentiell zur Nähe des Abfahrtsdatums ab! Je mehr ich mich auf den geplanten, lang ersehnten, sehr vorgefreuten Termin der Abreise zubewege, desto mehr beginne ich mich daheim wohlzufühlen. Je mehr ich mich dem Moment des Verabschiedens nähere und damit dem, worauf ich mich seit Monaten gefreut habe, desto wichtiger wird mir die Nähe meiner Lieben, der Genuss meiner schönen Wohnung. Selbst meine Stadt erscheint mir plötzlich als nicht verlassensfähig, der Alltag durchaus als golden. Verrückt, oder? In diesen Momenten frage ich mich wieder und wieder, was ich eigentlich will mit meinen Touren. Was bewegt mich, immer wieder allein in die Welt aufzubrechen? Allein zu sein, wochenlang in einem kleinen Kokon aus Stahlblech durch die Fremde zu zuckeln? Ist es inzwischen ein Zwang, mich einmal im Jahr zu beweisen? Ein Ritual? Eine langweilige Gewohnheit? Mutiere ich (herrje!) mit dem sturen Beibehalten meiner gewohnten Lebensumgebung im Van etwa zu einem Spießer? („*Als Spießbürger, Spießer werden in abwertender Weise engstirnige Personen bezeichnet, die sich durch geistige Unbeweglichkeit, ausgeprägte Konformität mit gesellschaftlichen Normen und Abneigung gegen Veränderungen der gewohnten Lebensumgebung auszeichnen.*" Quelle: https://de.wikipedia.org/wiki/Spießbürger)

Ich fahre trotzdem. Tief in mir weiß ich, wie beglückt ich von jeder Reise zurückkomme. Ich fühle mich so lebendig in fremder Umgebung, an neuen Orten, in mir unbekannten Kulturen! Lebendig, weil ich mich zur Gänze spüre, alle meine Antennen auf meine Umgebung gerichtet sind und ich mich in dieser Fremdheit ganz genau einsortiere: Ich checke mich, meine Position, mein Verhalten und mein Umfeld. An allen Orten, in jeder Situation, bei jeder Person: Ich bin hellwach! Keinen Moment auf meinen Reisen lasse ich unbewusst verstreichen. Ich will aufsaugen, entdecken, erleben ... leben.

Und ich weise mich selbst auf die Schönheiten hin, staune stumm und mit vollem Herzen, schüttle ungläubig-bewundernd den Kopf über so vieles und packe diese Bilder in meinen Erinnerungskoffer, um sie mit niemandem so intensiv teilen zu können, wie ich sie erlebe. Bräuchte ich also nicht doch jemanden, der dieses Erleben mit mir teilt? Ist geteilte Freude nicht doppelte Freude? Wie oft habe ich mir diese Frage schon gestellt, nur um sie anschließend klar zu beantworten: nein. Ich brauche niemanden bei mir. Es ist einfach zu schön, eine Weile nur um mich selbst zu kreisen. Es beglückt mich, nur auf meine Bedürfnisse achten zu müssen. Und ja: Es macht mich stolz und froh, dass ich ganz alleine für mich sorgen und auf mich aufpassen kann. Dass ich mich in der Welt problemlos zurechtfinde und immer weiß, wo ich wirklich bin, ohne mich auf die Navigation von Geräten oder Mitreisenden verlassen zu müssen. Dass ich mich ganz alleine in schöne Momente hinein- und aus hässlichen Situationen hinausführen kann. Und dass ich niemanden brauche, um die schönsten Momente teilen zu können (noch nicht einmal, um dort ein Foto von mir zu machen). Richtig: Manchmal läuft mein Herz fast über vor Freude und Glück über diesen Moment, und ich kann mich niemandem spontan zuwenden, um jubelnd meine Gedanken in Worte zu packen. Aber könnte diese Freude wirklich gesteigert werden, nur weil man zu zweit ist? Spürt man sich selbst mehr, wenn jemand anderer das Befinden kommentiert? Brauche ich eine „Zweitmeinung", um mich zu vergewissern, dass das Erleben wirklich so fantastisch ist, wie es sich in meinem Herzen gerade anfühlt? Nein! Ich brauche in diesem Moment niemanden, der das Glück mit mit teilt, um es zu doppeln – ich habe die Zeit für mich, ohne Unterhaltung, ohne Ablenkung. Ich darf in mir spüren, was mich so erfreut. Was ich schmecke, rieche, spüre, höre. Ich beschreibe mir selbst diesen wunderbaren Moment und verinnerliche ihn in meinem ganz persönlichen Buch der Glücksmomente. Momente, zu schön, um sie zu „zerreden". Oder um darüber zu diskutieren, wenn der eine bleiben und der andere weiter möchte.

Es hat eine andere Qualität, dieses Alleinsein. Man kann nicht werten, ob besser oder schlechter ... Ich kenne und liebe alle Formen des Reisens: zu zweit verliebt im Auto, als glückliche Familie im Wohnmobil, mit Freunden auf dem Motorrad ... Aber allein unterwegs zu sein, ist etwas Besonderes, etwas Wichtiges – und wie ich immer wieder gerne behaupte: etwas Gesundes. Ja, Gesundendes, Heilsames. Tage- oder wochenlang nur für sich zu sein ist ein Zustand, der in all dem vollen, übermäßig anstrengenden und schnellen Alltag einfach nötig ist – für das Ankommen bei sich selbst.

Es geht mir nicht darum (wie ich meiner Familie und meinen Freunden immer wieder versichere), WEGzufahren. Es geht vielmehr um das HINfahren. Hin zur Freiheit. Hin zur Selbstbestimmung, zur Konzentration auf das Wesentliche. Ich flüchte nicht vor zu viel und zu buntem Leben (das ich ja sehr liebe), sondern cruise in das langsame, stille, geruhsamere Sein. Niemand ist mir näher und mit mir zufriedener als ich selbst (zumindest im Idealfall! Manchmal finde ich mich schrecklich und sehr anstrengend, aber das ist eine andere Geschichte). Und dieses heilsame Ganz-in-Ruhe-mit-mir-Sein finde ich in der Regel zu Hause nicht, weil alles drumherum so laut ist.

Wenn ich mich von außen betrachte, sehe ich mich in meinem Franz wie eine kleine Raupe in ihrem Kokon, geschützt vor dem Außen, ganz zufrieden, versorgt, in Ruhe gelassen ... und wachsend. Und auch wenn ich schon so viele Reisen alleine unternommen habe, ist es, als würde ich mit jeder Herausforderung, die ich unterwegs bestanden habe, strahlender. Gelassener. Mit der Welt zufriedener. Mit mir zufriedener.

Die Welt ist unfassbar wundervoll, freundlich und leuchtend bunt. Sie empfängt mich – und dich! – mit offenen Armen und zeigt uns, wenn wir es zulassen, unser schönes Selbst und das wunderbare Sein allein.

Fahr los!
Sei frei!

Im Gespräch

... MIT ULRICH, (ALLEIN-)REISENDER, FOTOGRAF, MEDIENSCHAFFENDER UND BULLI-TOURIST

Ulrich ist Bulli-Fan. Mit seinem Van (einem T6 mit Aufstelldach) fährt er in den weiten Süden durch Marokko bis zur Sahara oder in den hohen Norden durch Schnee und Eis bis zum Polarkreis. Allein oder mit seinem Sohn erkundet er gerne möglichst wilde Natur und restauriert nebenbei noch einen alten T3-Westfalia-Bus für zukünftige Abenteuer.

Ich folge dir schon ein ganze Weile auf deinem schönen Instagram-Feed, Ulrich. Dort scheint es, als würdest du ziemlich häufig unterwegs sein: auf großen und vielen kleinen Trips – oder täuscht der Eindruck?

Täuscht nicht! Wenn du erst mal die Fünf vorne in der Zahl deiner Lebensjahre hast, kommst du viel klarer zu dem Punkt, dass man nichts mehr aufschieben darf. Du weißt aus Erfahrung: Wenn du deine Träume nicht realisierst, nur weil die Umstände nicht wirklich passen oder du niemanden als Begleitung findest, dann verpasst du einfach was. Deswegen: So oft wie nötig, so oft wie möglich ...

Gab es in deinem Leben einen konkreten Ausschlag zum Aufbruch, oder hat es sich einfach entwickelt, dass du immer wieder losziehst?

Es gibt einen Kalenderspruch, den ich eine ganze Weile gelebt habe: „Ein voller Terminkalender ist noch kein erfülltes Leben." – Der Terminkalender war wirklich voll und das Leben nicht wirklich erfüllt. Ich musste ausbrechen, die Routine durchbrechen, wollte mehr erleben, als Geld zum reinen Selbstzweck zu verdienen ...

Aber dazu muss man der Typ sein, glaube ich. Man muss tatsächlich einen großen Drang spüren, aus dem Alltag raus zu wollen, denn es ist oft schwierig, sich zu verabschieden.

Ja, man muss echt bereit sein, Risiken einzugehen. Du musst halt dieses „unternehmerische" Denken in dir haben. Im Beruf, um dich organisieren zu können – aber eben auch draußen, um etwas unternehmen zu wollen.

Es gibt für mich oft viel Gegenwind aus meinem Umfeld für die Pläne, so oft und lange weg sein zu wollen ...
Bei manchen Daheimgebliebenen oder Kunden gibt es eine Mischung aus Unverständnis, offenem und verstecktem Neid, Missgunst ... Aber davon darf man sich einfach nicht beeindrucken lassen!

Findest du das Aus- oder Aufbrechen auch anstrengend? Ich sage allen Neidern immer, dass es wirklich viel Kraft kostet, vorher und nachher doppelt so viel zu arbeiten, um sich die große Tour (zeitlich und finanziell) leisten zu können. Du bist ja auch selbstständig – geht es dir ähnlich?
Ja. Ich fange schon ein Jahr vor einer großen Tour an, meine Abwesenheit zu planen. Man muss sich tatsächlich freikämpfen und viel vorab organisieren. Trotzdem: Wenn man sich diese Auszeiten erarbeitet, hat man diese Freiheit wieder! Dann kann man entweder ein paar Tage unter der Woche in die Nähe fahren oder vier bis sechs Wochen am Stück zu außergewöhnlichen Touren aufbrechen. Man sollte sich nicht damit aufhalten, Ausreden zu finden, sondern seine Träume leben!

Was suchst du konkret, wenn du die Routine unterbrichst und immer wieder rausfährst, zum Beispiel öfter mal über ein verlängertes Wochenende?
Wir führen hier im gewohnten Umfeld doch schon ein recht durchgetaktetes und naturfernes Dasein. Oft suche ich einfach die Natur. Mich fasziniert, dass man bereits relativ nah grandiose Landschaften findet. Und auch dieses Gefühl, ganz im Hier und Jetzt zu sein, weil Natur ganz unmittelbar passiert: mit Sturm, Gewitter, einem Sonnenuntergang ... Da macht man sich keine Sorgen um die Zukunft oder Vergangenheit, sondern taucht völlig in den Augenblick ein. Das genieße ich.

Findest du auch Inspiration auf deinen Reisen?
Ja, viele. Letzten Herbst habe ich zum Beispiel einen Wochenendausflug nach Rotterdam gemacht, weil ich auf der Suche nach kulturellem Input war. Dort habe ich mir – statt der Grachten – in Ruhe alle Kunst- und Designmuseen angesehen. Ich parkte auf einem Stellplatz am Industriehafen und konnte die Eindrücke abends schön gemütlich für mich rekapitulieren. Und mit diesen Inspirationen habe ich mir Gedanken über meine berufliche Entwicklung machen und wieder eine Entscheidung treffen können.

Ist diese Ruhe zum Denken der Grund für das Alleinreisen?
Auch, aber nicht nur. Es gibt einfach wirklich wenige Menschen, die bereit sind, in einem kleinen VW Bus unterwegs zu sein. Für die meisten ist es schlicht zu anstrengend, außerhalb der Komfortzone zu sein.

Ich kenne viele Varianten und entscheide mich bewusst oft für das Alleinreisen. Sehr gerne toure ich mit meinem Sohn, der viel Spaß an Roadtrips hat und eine tolle Begleitung ist. Aber er kann eben nur in den Ferien dabei sein. Vor einer Weile habe ich eine geführte Offroad-Tour als Gruppe mitgemacht und schnell festgestellt, dass diese Gruppenreisen nichts für mich sind. Der schönste Tag dieser Tour war für mich der, an dem jeder machen durfte, was er wollte. Endlich konnte ich in Ruhe Adler gucken, auf der summenden Almwiese sitzen, Mineralien suchen … Da reise ich wirklich lieber alleine und bin in meinem Rhythmus.

Das kann ich sehr gut verstehen.

Eine kleine Geschichte noch dazu: Letzten Sommer bin ich in Schweden mit einem Arbeitskollegen über einen See zu einer Insel gepaddelt. Wir haben das Zelt aufgebaut, ein Lagerfeuer angemacht, alles war schön, ein ruhiger Augustabend, Vogelgezwitscher – bis der Kumpel fragte: „Und jetzt?" Ihm fehlte das Entertainment, die Beschäftigung, das Bespaßtwerden. Aber das ist doch das, warum man überhaupt aufbricht: Man kommt zu sich, ist in Ruhe und kann sich mit sich auseinandersetzen.

Schon zu zweit ist man eine Gruppe und verschwendet relativ viel Energie mit Kompromisssuche und Diskussionen. Allzu oft reine Energieverschwendung! Da lebe ich lieber diese Friedlichkeit und Harmonie mit mir, dieses Einssein mit dem Bus. Man fährt so dahin, kann einfach irgendwo anhalten, Wildtiere beobachten, lange stehen bleiben – ganz ohne dass die Killerfrage kommt: „Und jetzt?"

Allerdings besteht die Gefahr, dass man diesen Alleinzustand so friedvoll und konfliktfrei findet und das so sehr genießt, dass man auch Freunde damit verliert, weil man eben „anders" wird.

Ja, das kenne ich: die Angst davor, zum wunderlichen Eremiten zu werden. Trotzdem verbringst du weiter Zeit allein auf Tour. Fehlt dir eigentlich beim Alleinreisen etwas?

Wenn man alleine losfährt, heißt es ja nicht, dass man sich allem entsagt. Ich nehme gute Bücher und Filme mit. Leckere Weine sind dabei, und ich kaufe gutes, lokales Essen, weil ich darauf viel Wert lege. Ich lasse es mir gut gehen.

Nur manchmal fehlt dann ein bisschen der Austausch. Beispielsweise wenn mich etwas begeistert: Mückenschwärme, die über der Straße tanzen; oder wenn du das geschäftige Treiben der vielen Bienen, Hummeln über den Wiesen beobachtest und dich erinnerst, dass es in der Kindheit auch so war … das möchte ich gerne mal nachklingen lassen. Über Eindrücke und Gedanken mit niemandem reden zu können, ist ein

Minus bei Soloreisen. Aber damit diese Gespräche Spaß machen oder Bedeutung bekommen, braucht man sowieso einen Seelenverwandten.

Du suchst meistens die eher abseitigen Ziele. Sehr beeindruckt hat mich dein Trip im Bulli mit Aufstelldach zum Polarkreis. Im Winter!

Ja. Ich mag, dass die Natur kein Instagram-Feed ist. Sie ist nicht einfach nur schön, spektakulär, gefährlich, bedrohlich, sondern das, was du darin wirklich erlebst. Man muss in abgelegenen Ecken schon aufpassen, gerade wenn man alleine unterwegs ist. Am Polarkreis konnte ich beispielsweise bei minus 20 Grad mit starkem Wind keine großen Wanderungen machen, weil es alleine einfach zu gefährlich gewesen wäre. Es war wirklich eiskalt. Dann saß ich da am Seeufer mit meinem Tee ... Das Frieren war in diesem Moment nicht toll, aber das völlige Alleinsein in einer so ursprünglichen Umgebung, wo sonst nur Samen und Rentiere leben, war sehr beeindruckend. Ich habe gespürt, welch unbedeutend kleines Licht ich in dieser Natur bin.

Wenn ich auf Tour bin, frage ich meine zufälligen Gesprächspartner sehr gerne nach dem Sinn ihres Lebens – und es ist spannend und inspirierend, welche Antworten ich bekomme. Ganz spontan: Hast du (vielleicht durch das Reisen) den Sinn deines Lebens schon gefunden?

Das ist eine große Frage. Ich glaube, es geht nicht immer nur darum, möglichst viel Spaß zu haben, oder um die eigene Erfüllung. Ich empfinde es für mich und mein Leben als sehr sinnvoll, Respekt vor der Natur zu haben, auch vor den Mitmenschen, der Tierwelt, vor anderen Lebensformen, und diese Achtung weiterzugeben. Sei es an die eigenen Kinder, an Mitreisende oder vielleicht auch nur, indem man den eigenen Stellplatz ganz selbstverständlich vom Müll – auch dem des Vorgängers – befreit.

Respekt und Achtung vor der Natur.

Mehr über Ulrich Weinert und seine Bulli-Touren auf Instagram:
@just_bullitourists

Mein Tipp

WIE KOMMST DU ZUM PASSENDEN WOHNMOBIL?

Bevor du dir den Traum eines Roadtrips erfüllst, stellt sich natürlich die Frage nach dem passenden Wohnmobil. Klar kannst du dir irgendeines von Freunden leihen oder ganz spontan eines kaufen. Aber sinnvoller ist diese Reihenfolge, die ich dir ans Herz legen möchte:

WELCHES WOHNMOBIL PASST ZU DIR?

★ **Mit welcher Fahrzeuggröße traust du dir total entspannt alle Straßen zu?**
Nichts ist unsinniger, als mit einem zu großen Wohnmobil in permanentem Stress im Straßenverkehr zu sein. Natürlich kannst du dich an alle Fahrzeuge gewöhnen – ein bisschen Übung, und schon wirst du auch große Wohnmobile steuern können. Aber sinnvoller ist es, wenn du es dir leichter machst. Bedenke, dass dein Auto in erster Linie deine Schlafstätte ist. Du brauchst weniger Platz und weniger Dinge unterwegs, als du vermutest. Selbst an Regentagen kommst du mit wenig Raum aus; und wenn nicht, gehst du einfach nach draußen. Überlege, wie viel Blech du wirklich bewegen möchtest. Stell dir dabei schmale Gassen vor, enge Kurven, kleine Campingplätze, sehr chaotischen Verkehr ... und dann überlege, mit welchem Fahrzeug du diese Situationen meistern kannst!

Detaillierte Informationen, wie du die für dich passende Fahrzeuggröße ermitteln kannst, habe ich dir auf meinem Blog zusammengestellt:
www.cool-camping-wohnmobil.de/welcher-wohnmobil-typ/

★ **Welche Ausstattung brauchst du zwingend?**
Ich persönlich bestehe beispielsweise auf eine Toilette, da ich mich - neben Navigation, Nahrungs- und Übernachtungssuche - nicht auch noch auf die Jagd nach einem WC machen möchte. Und auch, weil ich zum Beispiel in der Nacht an ungeeigneten Orten nicht raus will. Außerdem brauche ich einen Kühlschrank für mein Sonnenuntergangsbier und sehr viele Fenster für ausreichend Licht. Was also möchtest du? Natürlich kann man sich mit allen Ausstattungen arrangieren, aber für die erste Suche ist es sinnvoll, wenn du dir im Klaren darüber bist, was du gerne hättest. Abstriche kannst du immer noch machen ...

Auf meinem Blog sind die wichtigsten Ausstattungskomponenten aufgelistet:
www.cool-camping-wohnmobil.de/wohnmobil-kaufen/

SO STARTEST DU AM EINFACHSTEN

Teste entspannt gemietete Wohnmobile

Wenn du davon träumst, in Zukunft häufig mit einem eigenen Wohnmobil unterwegs zu sein, sollte es bestens zu dir und deinen Bedürfnissen passen. Um herauszufinden, welches Modell mit welchem Grundriss und welcher Ausstattungsvariante das ist, ist es ratsam, die ersten Fahrten mit geliehenen Wohnmobil-Modellen zu starten. Denn nur unterwegs kannst du entspannt testen,

★ ob du mit der gewählten Größe auf den Straßen, beim Parken, in kleinen Dörfern zurecht kommst (oder ob vielleicht sogar noch etwas mehr ginge);

★ ob alle Dinge in die Stauräume passen (oder du viel zu viel Zeit mit Räumen verbringst) oder du ohnehin weniger mitnimmst, als Platz vorhanden ist;

★ ob die Anordnung der Möbel für dich passt (vielleicht hättest du ja beispielsweise lieber ein Bad dabei oder den Kühlschrank an einer anderen Stelle).

Wenn du das Mieten eines Wohnmobils für eine gute Idee hältst, möchte ich dir unbedingt einen der vielen professionellen Vermieter ans Herz legen. Auch wenn dir die Kosten hoch erscheinen: Ein privat von Freunden, der Familie oder Bekannten geliehener Camper birgt ein hohes Risiko! Denn wenn das Womo in lädiertem Zustand zurückgegeben werden muss oder du unterwegs mit einem kaputten Auto dastehst (und vorher nicht ganz genau über die Regelung der Schäden nachgedacht bzw. mit den Vermietern darüber gesprochen hast), werden Freundschaften schon arg auf die Probe gestellt.

Auf der rechten Seite sowie auf meiner Webseite habe ich eine Liste an Vermietern zusammengestellt, die neue oder privat genutzte Wohnmobile anbieten. Mit deren Verträgen bist du auf der sicheren Seite, um eine unbeschwerte Reise machen zu können:
www.cool-camping-wohnmobil.de/vermieter-fuer-wohnmobil-oder-van/

WOHNMOBIL-VERMIETER: MEINE FAVORITENLISTE

★ **VANTOPIA | www.vantopia.de**
Für Reisen vom Norden (Hamburg) bietet Vantopia gut ausgestattete Vans in drei Größen: Pkw mit Dachzelt, VW Busse und Kastenwagen. Alle sind außergewöhnlich hübsch, gemütlich und liebevoll eingerichtet.

★ **EcoCamper | www.ecocamper.de**
Für Reisen vom Süden (München) gibt es perfekt ausgestattete neue T6 VW Busse, sehr gut geeignet für Touren zu zweit oder zu viert – und das Besondere: In diesen Fahrzeugen darfst du sogar deinen Hund mitnehmen.

★ **roadsurfer | www.roadsurfer.com**
In zahlreichen deutschen Städten sowie in Frankreich, Spanien und Portugal können verschiedene Camper-Modelle mit bester Ausstattung ausgeliehen werden.

★ **PaulCamper | www.paulcamper.de**
Deutschlandweit kann man sich über die wohl bekannteste Vermittlung für privates Camper-Sharing ein passendes Wohnmobil oder den nettesten Van von Privatleuten mieten – und natürlich das eigene Fahrzeug zur Vermietung einstellen.

★ **CamperBoys | www.camperboys.de**
Direkt am Münchner Flughafen werden top ausgestattete VW Bullis bereitgestellt: einfach hinfliegen, einsteigen und den eigenen Roadtrip starten. Bei der Ausstattung haben „die Boys" an jedes Detail gedacht, das man braucht.

★ **Campanda | www.campanda.de**
Weltweit können in fast 1000 Städten in 42 Ländern Wohnmobile gemietet oder das eigene Fahrzeug vermietet werden. Campanda arbeitet sowohl mit kommerziellen Anbietern als auch mit privaten Wohnmobil-Besitzern zusammen.

WAS DU BEIM MIETEN EINES WOHNMOBILS BEACHTEN SOLLTEST

★ **Streckenbegrenzung**
Wie weit möchtest du fahren? Oft ist das Angebot mit Freikilometern günstiger, wenn du gerne sehr weit fährst. Wenn du hingegen lieber lange an einer Stelle stehst, kann die kilometerweise Abrechnung die günstigere Lösung sein.

★ **Campingausstattung**
Kleinere Vermieter bieten oft komplett ausgestattete Fahrzeuge an. Das erleichtert vor allem den Einstieg ins Campen sehr. Große Vermieter bieten gegen Aufpreis Campingmöbel und Grundausstattung an. Das ist zwar praktisch, aber um dieses Geld kannst du sie meist kaufen und danach für weitere Reisen oder Gartenpartys nutzen.

★ **Saisonpreise**
Wenn du in der Nähe eines Bundeslandes wohnst, das andere Schulferien als dein Heimatland hat, ist es vielleicht sinnvoll, dort einen Vermieter zu wählen, weil die Preise außerhalb der Saison deutlich günstiger sein können.

★ **Höhe der Selbstbeteiligung**
Achte auf die Selbstbeteiligung im Vertrag. Versehentliche Minischäden, die sich summieren können, passieren schnell: Der Fotoapparat rutscht aus dem Schrank und schlägt eine Macke in den Tisch ... 200 Euro. Der aufgeklebte Handtuchhaken reißt samt Wandverkleidung ab ... wieder 100 Euro. Der Zweitschlüssel liegt bei Fahrzeugrückgabe noch am italienischen Pool ...

★ **Kann das eigene Auto bei der Abholung sicher stehen bleiben?**
Manchmal holt man den Camper ab, indem man mit dem eigenen Auto anreist und dieses dann während des Urlaubs dort stehen lässt. Frage nach, ob der wochenlange Parkplatz sicher ist. Nichts ist ärgerlicher, als wenn nach dem Urlaub das eigene Auto verschwunden oder beschädigt ist.

★ **Genug Zeit für die Einweisung/Übergabe des Campers**
Frage unbedingt vor der Buchung, wie lange die Einweisung/Übergabe dauern wird. Denn nur wenn all deine Fragen geklärt sind, kannst du bestmöglich vorbereitet starten (doch nicht alle Vermieter nehmen sich gerne dafür Zeit).

Alle Punkte, die du bei der Übergabe des Mietfahrzeugs abhaken solltest, habe ich in meinem Blog aufgelistet (auch als Checkliste zum Downloaden):
<u>www.cool-camping-wohnmobil.de/wohnmobil-mieten/</u>

WAS DU BEIM KAUF EINES GEBRAUCHTEN WOHNMOBILS BEACHTEN SOLLTEST

★ Lass dich zum technischen Zustand unbedingt von Experten beraten

Beim Kauf eines gebrauchten Wohnmobils solltest du dich für die fahrzeugtechnischen Fragen unbedingt von einem erfahrenen Kfz-Experten beraten lassen. Am besten begleitet er/sie dich zur Besichtigung. Oder du vereinbarst mit dem Verkäufer, dass deine Probefahrt über deine Haus-und-Hof-Werkstatt führt. Eine Beurteilung des Fahrzeugs erfolgt am besten bei einer ausführlichen Testfahrt. Da du dich sicher oft fernab von jeder Werkstatt bewegen wirst, ist eine funktionierende Technik für entspannte Urlaube entscheidend.

★ Gönne dir bei der kleinsten Unsicherheit ein technisches Gutachten

Hast du einen Gebrauchtwagen ins Auge gefasst, aber niemanden, der dich beraten kann? Der ADAC oder die DEKRA bieten für etwa 100 Euro einen technischen Check mit Gutachten und Preis-Leistungs-Beurteilung. Du vereinbarst einen Termin (meist kurzfristig möglich) und bekommst eine sehr ausführliche Beratung. Danach weißt du, ob dich dieses Wohnmobil glücklich machen wird oder sich vor allem als großer Geldfresser entpuppt.

★ Lass dir viel Zeit zur ausführlichen Besichtigung

Zur Überprüfung der gesamten Innenraumausstattung sollte das Fahrzeug quasi fahrbereit sein. Das Gas muss angeschlossen sein, um die Geräte zu testen, Wasser muss vorhanden sein, um alle Wasserhähne und das Abflusssystem zu kontrollieren. Ideal wäre es, wenn Heizung und Kühlschrank schon einige Stunden vor der Besichtigung laufen, um feststellen zu können, ob es wirklich warm bzw. kalt wird. (Kannst du diese Punkte nicht prüfen, solltest du in den Kaufvertrag aufnehmen, dass diese Prüfung kurzfristig nachgeholt wird. Sonst heißt es später, der Mangel sei offensichtlich gewesen – und dafür gebe es keine Gewährleistung.) Das Wichtigste ist, dass der Wohnraum nicht feucht ist! In der Regel kannst du das am Geruch feststellen. Sieh dir alles genau an und rieche konzentriert besonders im Bad, unterhalb der Küchenzeile und hinter den Polstern. Achte unbedingt auf Duftbäume, die beispielsweise Modergeruch überdecken sollen! Wasserschäden entstehen auch gerne rund um Dachluken, Seitenfenster, an den Durchlässen für Solaranlagenkabel oder an der Schiebetüre.

Alles zum Kauf oder Mieten eines Wohnmobils findest du auch auf der folgenden Web-Magazinseite unter der Rubrik Ratgeber:
www.camping.info

VOM TRAUM, EINEN BUS SELBST AUSZUBAUEN

Es ist mein lang gehegter Wunsch, mir meinen eigenen Bus auszubauen. Wenn ich dann allerdings beobachte, wie mein Nachbar seit Monaten in jeder freien Minute in seinem Kastenwagen verschwindet, verschiebe ich diesen Traum aus Zeitgründen freiwillig auf einen unbestimmten Zeitpunkt … Wenn du dennoch Lust, Zeit – und natürlich genug Geld – hast, dir für deinen Roadtrip einen eigenen Van zu bauen, dann wende dich vertrauensvoll ans Internet. Denn dort gibt es unendlich viele Anleitungen, tolle Blogs, detaillierte Videos und, und, und … Hier meine persönliche Hitliste mit Webseiten, die mir schon oft geholfen haben:

★ www.busbastler.de

Ich bin sehr von dieser Community beeindruckt, die sich aus dem Zusammenschluss toller Blogger entwickelt hat. Es gibt YouTube-Tutorials, Podcasts, Online-Kurse, Van-Camp-Treffen und nicht zuletzt eine sympathische „Busbastler Academy", wo in kleinen Gruppen Wissen vermittelt wird. **Die Busbastler sind wahrscheinlich deine besten Ansprechpartner, wenn du mit dem Ausbau loslegen willst (siehe die Fotos rechts).**

★ www.selbstausbau-wohnmobil.com

Paul, der Blogger von Passport Diary, hat das Buch geschrieben, das er sich selbst gewünscht hätte, als er mit dem Ausbau seines Kastenwagens begonnen hat. Auf **220 Seiten des E-Books findest du Einsteigertipps** zu allen Themen: Kosten, Dämmung, Strom, Solar, Gas, Dachluken …

★ www.herman-unterwegs.de

Sabine und Micha führen einen unglaublich informativen Blog mit allen Tricks und Anleitungen, die du zum kompletten Ausbau oder für die Reparatur deines Wohn- oder Weltreisemobils brauchst. (Danke für alle Stromtipps!) In ihrem selbst ausgebauten „Herman" sind die beiden weltweit dauerhaft unterwegs und bieten ihr **wertvolles und umfassendes Fachwissen auf ihrer Webseite und in persönlichen Skype-Konferenzen an.**

★ www.wohnmobil-selbstausbau.com

Ulrich ist einer der Ersten, die ihr Wissen in Buchform gepackt haben. Er gilt als DIE Kompentenz in Sachen Ausbau von Weltreisemobilen, richtet sich aber nicht nur an Komplettausbauer, sondern auch an alle Wohnmobilisten, die ihr Fahrzeug verbessern/umbauen wollen. **Neben seinem 512 Seiten starken Buch (auch als E-Book erhältlich) bietet Ulrich Webinare und ein persönliches telefonisches Ausbaucoaching an.**

PERFORMANCE

Wir müssen bereit sein,
uns von dem Leben zu lösen,
das wir geplant haben,
um das Leben führen zu können,
das uns erwartet. Joseph Campbell

2.

Aufbruch wagen!

Der erste Schritt zählt.

Auf nach Griechenland | Es regnet, grau. Trübe wie meine Stimmung. Der Abschiedskaffee mit meiner Schwester dauert vor lauter Ratschen und innerem Zögern viel länger als geplant. Ich gebe ihr die Wohnungsschlüssel und die letzten Instruktionen, denn um Geld zu sparen, habe ich mein geliebtes Zuhause untervermietet. Morgen kommen die ersten Mieter. Es ist anders, als zwei Wochen in den Urlaub zu fahren. Die Wohnung ist auf Hochglanz poliert, und ich weiß, dass ich sie ab jetzt für längere Zeit nicht mehr meine eigene nennen kann. Ein schmerzhaftes Gefühl.

Der Moment ist da: Ich will mich jetzt nicht weiter mit schwerem Herzen verabschieden. Ich muss jetzt los. Ich steige ein, setze mich und drehe den Zündschlüssel ... kein einziger Mucks. Mein Herz pocht, und sofort setzt sich das Gedankenkarussell in Gang: Wie kann das passieren? Was ist, wenn er kaputt ist? Wie kann ich das lösen? Ich schiebe es auf die Kinder, die beim Putzenhelfen laut Musik gehört und an allen Knöpfen rumgespielt haben. Offenbar ist die Batterie wohl leer. Tja. Zum großen Glück hat meine Schwester auf meine Abfahrt gewartet, um mir zu winken, und kann mir nun Starthilfe geben: Franz springt glöckchengleich an, und ich packe sicherheitshalber noch ihre Starthilfekabel mit ein.

Ich tanke voll und sehe noch mal alles durch: Der Wassertank ist gefüllt, die Reifen sind aufgepumpt, alle Dinge eingeräumt, Schränke fest verschlossen, Kühlschrank verriegelt, Gardinen angebunden, CD läuft – perfekt! Ich sitze in meinem neuen Zuhause und reihe mich in den Autobahnverkehr ein. Der Lkw-Fahrersitz schaukelt bei jeder Bodenwelle sanft nach, eiskalter Regensturm prasselt an mein Fenster ... oh – gute Frage: Funktionieren die Scheibenwischer überhaupt? Und wo ist denn eigentlich die Heizung? Die Lkw brettern mit gefühlten 150 Sachen links an mir vorbei. Ich teste die Musikanlage auf Maximallautstärke – und grinse: DAS ist das Glück.

... SETZ DEN WAGEN ZURÜCK
UND BIN RAUS.
FAHR GERADE ÜBER LAND,
ES WIRD GERADE MAL HELL,
ICH SPÜRE FREIHEIT IN MIR,
DENK: DAS GING ABER SCHNELL.
BLEIBE BESSER IM HIER,
DENN ES GIBT KEIN ZURÜCK
UND ALLES, WAS ICH BRAUCH,
IST MEIN AUTO UND GLÜCK ...

"RÜCKENWIND" VON THOMAS D.

Schon nach einer Stunde mache ich Halt an der Autobahnraststätte: Ich brauche einen Kaffee. Die erste Euphorie ist verflogen, in mir wolkentrübgraue Gedanken. Ich setze mich an die Bar, wärme mich am Cappuccino (Mitte Juli!) und bekomme die Wucht des Abschieds zu spüren. Weg. Auf unbestimmte Zeit. Ich fühle mich verloren. Einsam. Ausgeliefert und schutzlos. Ich sehne mich nach einem Zuhause. Heimatlos sein: Ist das nicht viel schlimmer als mein täglicher Alltagswahnsinn? Ist es wirklich das, was ich will? Der erste Umdrehgedanke krallt sich heiß in meinen Bauch. Noch kann ich alles abbrechen, rückgängig machen. Ich lasse die Gedanken zu, nehme mir die Zeit, darüber nachzudenken. Das ist, was ich ab jetzt möchte, warum ich raus von zu Haus bin: Ich will mir endlich Zeit nehmen für alles. Zulassen dürfen, hinspüren können, aushalten. Ich ermahne mich, diesen Plan durchzuführen: „Denk drüber nach! – Was sagt dir dieses Gefühl?“ Und so sitze ich mit geschlossenen Augen an der Bar, überlege in Ruhe: Worauf verzichte ich in diesen nächsten Wochen, das so schwer zu vermissen wäre, dass ich lieber doch nicht fahre? Der Job kann unterwegs gemacht werden, ich habe mein Laptop dabei. Die Freundinnen und die Familie können auf mich verzichten – ich werde unterwegs online mit ihnen verbunden bleiben. Die Wohnung ist sowieso vermietet und damit nicht bewohnbar: Mein Zuhause ist jetzt Franz. Die Kinder sind beim Vater super aufgehoben; erst mal sind sie noch im Schullandheim und werden wahrscheinlich zum Schuljahresende mit all den dazugehörigen Festen zu beschäftigt sein, um sich lange meiner Abwesenheit zu erinnern.

Und obwohl alle Argumente für die Weiterreise reichen würden, setze ich noch einen großen Gedanken drauf, und in mir reift das Motto meiner Reise:

Face
your
fears!

Nutze die Chance und stelle dich allem, das du sonst nicht tun würdest! Jetzt ist die Gelegenheit, alles zu schaffen! Sieh bewusst auf die Probleme, stell dich frontal entgegen. Lass die Hürden kein Hindernis sein, sondern nimm sie sportlich. Mach Sachen, die für dich schwierig scheinen, und erfreue dich an deinem Mut! Stell dich deinen Ängsten und Zweifeln und lass sie nicht dich bestimmen.

Ich realisiere noch mal die Chance für diese Reise als Riesengeschenk! Und meine Zweifel wandeln sich in Glück. Wahrlich beschwingt gehe ich über den großen Parkplatz und lächle so fröhlich, dass sich die Entgegenkommenden nach dem umdrehen, dem ich so breit zugrinse: Franz. Und ich nehme diesen Moment des Zweifelns, der Umdrehgedanken, der dunklen Gefühle als erste Hürde sportlich: Vollgas zur Weiterfahrt Richtung Süden!

Die erste Nacht meines neuen (Camper-)Lebens möchte ich noch in Österreich verbringen. Also steuere ich einen der vielen Seen neben der Tauernautobahn an. Hier vermute ich viele Campingplätze; die Beschilderung gibt mir recht, und ich nehme gleich den erstbesten am Millstätter See: eine große Wiese, sehr wenige Mitcamper. Ich parke hinten, ganz abseits, und richte mich für die Nacht ein: Die Böcke unter die Vorderräder und so weit hochfahren, bis die Wasserwaage die perfekte Waagrechte anzeigt. Die Gasflasche aufdrehen, damit ich mir einen Tee zum Aufwärmen machen kann: Es ist saukalt (und leider habe ich keine Ahnung, ob und wie die Standheizung funktioniert)! Dann das Stromkabel zum Kasten legen, damit ich in dieser trüben Stimmung unbesorgt Licht machen kann (mir steckt noch der Anspring-Schock in den Knochen). Huch: Der Stecker meiner Kabeltrommel passt nicht in diesen Stromkasten? Noch nie gesehen: blaue Steckdose mit drei Polen? Ich eile zur Rezeption, die gerade die Läden herunterlassen will. Ich lächle, frage um Rat, bitte freundlich um Hilfe. Und die nette Dame öffnet noch einmal den kleinen Shop, zieht mir den richtigen Adapter raus und wünscht mir eine schöne erste Campernacht.

Licht an! Herrlich. Ich kuschle mich unter alle Decken in meine Franz-Höhle, der Regen prasselt sanft aufs Dach, und ich fühle mich einfach nur pudelwohl und bin unendlich stolz auf mich! Dass ich mich losgerissen habe von daheim; dass ich mir selbst Mut zusprechen konnte, als ich zweifelte. Ich finde mich einfach großartig: dass ich zum ersten Mal in meinem Leben ein relativ großes und schweres Auto fahre, völlig angstfrei und souverän. Und ich beglückwünsche mich für meine Coolness, Intuition und Kreativität, mich auf das Camperleben unbedarft und neugierig eingelassen zu haben ... und dafür, dass ich auf meiner Reise einfach mal nur ICH sein darf:

Unkommentiert, unreglementiert, kompromisslos – einfach selbstbestimmt.

Ängstlich,
unsicher,
schutzbedürftig.

Stolz,
mutig,
allein
und frei.

Im Gespräch

... MIT KARIN, KASTENWAGEN-BEWOHNERIN UND GRÜNDERIN DER „VANLOVE GIRLS"

Karin genießt es seit zwei Jahren, allein in ihrem selbst ausgebauten Kastenwagen zu leben. Sie liebt die Auszeiten des Alleinseins und tourt dafür meist durch den Süden, am liebsten in Spanien. Von unterwegs kümmert sie sich um den Aufbau einer Community von „Vanlove Girls", einer Plattform von und für (alleinreisende) Frauen mit Forum, Blog, Podcast und Workshops.

Karin, ich „kenne" dich seit zwei Jahren über deine wundervolle, inzwischen sehr große Facebook-Gruppe „Vanlove Girls". Es gibt schon so viele Gruppen – warum hast du noch eine eigene gegründet?

Ach, weil ich die bestehenden Gruppen einfach nicht passend fand. Die gemischten waren oft sehr abwertend gegenüber Frauen, und in den weiblichen Gruppen hat mir der Ton nicht gefallen. Ich merke jeden Tag in der Gruppe: Die Suche nach guter Gemeinschaft ist ein gesellschaftliches Thema. Das Community-Ding wird in unserer heutigen Welt einfach gebraucht, ist wichtiger denn je. Das ist der Grund, warum wir so rasant wachsen – die Menschen begreifen, dass das, was sie rausgeben, in einer wertschätzenden Gemeinschaft nicht gegen sie verwendet wird, sondern positiv zurückkommt. So wie in unserer Gruppe: Alle geben ihr Wissen, tauschen sich wohlgesonnen aus ... und bekommen unglaublich freundliches, schönes Feedback.

Inzwischen baust du darauf mit deinem Team ein größeres Projekt auf.

Es entsteht gerade ein Forum, in dem sich die Frauen virtuell und in der Realität treffen, austauschen, viel lernen und viel geben. Dabei geht es mir nicht unbedingt nur darum, dass ich die Frauen dazu bringe, in den Bus zu steigen und loszufahren, sondern um viel mehr: dass ganz viele Frauen sich trauen, selbstständig zu sein. Sie sollen sehen, dass noch mehr im Leben geht.

Du lebst ja seit zwei Jahren Vollzeit im Bus, stehst im Moment gerade in

Portugal. Wenn du unterwegs bist: Bist du dann auch auf der Suche nach Gemeinschaft?

[Lacht] Nein, im Gegenteil! Ich hab so viel Community das ganze Jahr, ich habe mit der Arbeit an dem Vanlove-Projekt jeden Tag so viel Gemeinschaft und Austausch ...

Also suchst du das Alleinsein?

Ja, ich brauche diese Auszeiten zwischendurch. Ich bin immer mehr mit mir im Reinen – auch wenn der Prozess natürlich noch lange nicht fertig ist – und liebe es, allein zu sein. Wenn ich wirklich mal mit jemandem zusammenstehe, dann sind das nur „ausgewählte", also zu mir passende Leute. Ich schätze es so sehr, mal allein und in Ruhe zu sein.

Das ist auch immer meine Antwort, wenn ich gefragt werde, wie ich wochenlang allein sein kann: Ich komme aus einem so bunten Leben, dass ich zwischendrin die Ruhe nötig brauche.

Unbedingt! Ich connecte so viel in meinem Leben, überall und permanent. Deswegen sind die Auszeiten meine Zeit der Heilung, in der ich einfach mit mir sein kann, mich nach niemandem richten muss. Es ist total befreiend, wenn ich mich mal nicht um das Außen kümmern muss. Sehr schön!

Es gibt so viele Menschen, die losfahren, um neuen Input zu bekommen – ich fahre los, um eben mal keinen Input zu haben. Statt wie sonst mit vielen Menschen verbringe ich Zeit mit mir alleine ... ganz toll!

Kommst du oft zu deinen Auszeiten?

Zurzeit ist mit unserem Projektstart einfach zu viel los, und das geht jetzt noch ein paar Monate so weiter. Aber letzten Winter war ich sehr viel allein unterwegs: Drei Monate bin ich die ganze Küste Portugals und die Nordküste Spaniens entlanggefahren. Alle drei Tage habe ich den Ort gewechselt – bis ich einen Koller vom Reisen hatte. In Nazaré musste ich dann mal drei Wochen Pause machen, weil ich nicht mehr fahren wollte, fahren konnte. Und das, obwohl ich Autofahren so mag. Da bin ich einfach stehen geblieben.

Oje, hattest du dann ein schlechtes Gefühl, weil du dachtest, jetzt ist die Freude am Reisen vorbei?

Nein. Ich überlege in solchen Momenten, was ich brauche, was mir guttut ... übrigens einer der Gründe, alleine zu reisen: Es lenkt mich keiner von meiner inneren Stimme ab, die mir sagt, was jetzt dran ist.

Einige Monate warst du im Süden unterwegs. Warum bist du überhaupt zurückgekommen?

Ich hatte Termine. Das Zurückkommen nach Deutschland war wirklich knüppelhart. Da habe ich mich vielleicht zu lange zu sehr herausgenommen, war zu lange komplett selbstbestimmt.

Ich finde auch, dass ein „Neuanfang“ nicht nur beim Start einer Reise passiert, sondern sogar noch mehr beim Zurückkommen. Nach dem Losfahren kann ich mich langsam in mein eigentliches Ich eingrooven. Aber wenn ich zurück bin, muss ich mich wirklich ganz abrupt wieder auf die „Realität“ umstellen, plötzlich irgendwie ganz neu kalibrieren.
Stimmt. Aber ich mag Neuanfänge eigentlich gerne. Ich hab' mich noch nie davor gescheut, immer wieder in neue Themen reinzurennen, Neues zu starten. Es bedeutet für mich immer Heilung. Das Schöne ist, dass ich mittlerweise vom Kämpfen übergegangen bin zu „ich hab Bock drauf“. Und es gibt so viel, auf das ich Lust habe ...

Ja, ich auch! Letztlich geht es darum, Dinge zu finden, für die man leidenschaftlich brennen kann – dazu muss man immer wieder Neues probieren.
Das Wichtigste ist, einfach mal anzufangen! Loszulegen. Zu machen. Es haben mir so viele gesagt, dass sie solch eine Community auch schon mal angedacht haben, aber sie haben den Gedanken eben nie umgesetzt.

Es gibt wenige, die die Kraft haben anzufangen, denn es ist so megaanstrengend, zu motivieren, zu ziehen, voranzugehen, vielleicht auch dafür zu kämpfen ...
Aber dann sollte man den Weg des kleineren Kampfes wählen. Diese Community beispielsweise wächst nicht aus dem Mangel, sondern aus der Fülle heraus. Wenn du sagst, es ist eine anstrengende Nummer, dann wird es anstrengend. Aber wenn du nicht aus dem Mangel, sondern aus der Fülle agierst, dann kommen auch nur positive Menschen auf dich zu. Ich habe mich entschieden, das Ganze leicht zu nehmen, es sich gut anfühlen zu lassen.

Das hört sich wundervoll an!
Ich bin der Typ, der nicht in Problemen denkt, sondern immer in Lösungen. Der Dinge gern auch mal andersrum betrachtet – die Situation bleibt gleich, aber das Gefühl ändert sich, wenn du die Denkweise änderst!

Hat die Idee, in deinen Bus zu ziehen, mit deiner Gründung zu tun?
Nein, das hat sich ergeben. Ich hatte zehn Jahre lang ein eigenes Modelabel mit Laden. Da wurde ein paar Mal eingebrochen, weshalb ich auf den Onlinehandel umgestiegen bin. Aber irgendwann konnte ich dieses Business einfach nicht mehr machen, weil der Markt mit der DIY-Welle kaputtgegangen ist. Dann habe ich „einfach“ Schluss damit gemacht und musste etwas Neues suchen.

Als du mit deinem Business aufgehört hast: Hattest du eine Perspektive, was du alternativ machen kannst, um Geld zu verdienen?
Gar nicht. Ich war ein gutes halbes Jahr in Panik und hatte krasse Ängs-

te. Eine harte Zeit. Aber mithilfe eines guten Freundes habe ich mich da durchgehangelt, ein paar Kurse belegt und bin ins Online-Marketing eingestiegen. Das lief recht schnell ganz gut. Aber bald habe ich gemerkt, dass mir das reine Geldverdienen – mit Projekten, hinter denen ich nicht stehen kann – einfach nicht reicht. Es kommt viel Geld rein, aber ich finde den Sinn dahinter nicht.
Ganz zufällig habe ich dann auf der Insel Rügen einen coolen Job bei einer Kiteschule gefunden, der mich echt begeistert hat. Dort habe ich dann während der Saison im VW Bus gewohnt. Aber leider war mit diesem Job mein Leben nicht zu finanzieren. Also musste ich mich auch davon schmerzlich verabschieden.

Dann bist du aber nicht aus einer Krise heraus, als Neuanfang und harter Break in den Bus gezogen, sondern vielmehr in einem schleichenden, sehr selbstbestimmten Übergang ...
Ja. Irgendwann habe ich gemerkt, dass ich quasi gar nicht mehr in meiner Wohnung bin, weil ich zu den Kite-Saisons im Bus lebte und dazu noch auf Reisen war. Da war es logisch, dass ich die Wohnung aufgebe. Ich habe das Wohnen im Bus so sehr genossen, dass es klar eine Option war, auszuprobieren, ganz darin zu leben. Ich wollte ja nicht komplett aussteigen, sondern nur für den Moment. Wer weiß denn, was später ist? Ich sag' auch immer, dass ich keine Pläne mehr habe, sondern Ideen. Ideen schränken mich nicht so ein. Mit Ideen bleibe ich offen für alles Neue und Spontane. Im Bus zu leben, war auch kein Plan, sondern eben eine logische Idee für den Moment. Und das mache ich jetzt mal, bis mir eine neue Idee kommt.

Schön, dass wir so viele Ähnlichkeiten in unseren Einstellungen haben. Jetzt bin ich noch sehr gespannt darauf, was du als deinen Sinn des Lebens bezeichnen würdest.
Ich hab' da einen ganz, ganz tollen Spruch! Er drückt mein Lebensziel aus, kommt aus dem Buddhismus und hat ganz schön Gewicht:

Glücklich zu werden, unabhängig aller Umstände.

Mehr über Karin Scherpe und ihre „Vanlove Girls" Community:
www.nimike.de

Mein Tipp

STROMVERSORGUNG IM VAN ODER WOHNMOBIL

Nie ist mir meine Abhängigkeit von Strom so bewusst wie unterwegs im Wohnmobil. Keine Wasserpumpe, keine Beleuchtung, keine Standheizung funktioniert ohne Strom – im schlimmsten Fall springt sogar das Auto nicht an, wenn es nicht rechtzeitig vor einer Entladung der Batterie geschützt wurde. Mit meinen alten Fahrzeugen war ich ein gebranntes Kind, was die Stromversorgung anging: Immer wieder hatte ich wirklich große Probleme, lange Zeit sogar Schwierigkeiten, meinen Franz ohne externe Starthilfe überhaupt zu starten. An jedem Freistehplatz musste ich im Dunkeln oder nur mit Taschenlampe den Abend verbringen, tagelang habe ich bei Minusgraden im Innenraum gewohnt, weil ich keinen Landstrom für die Standheizung mehr ins Wohnmobil bekommen habe. Inzwischen habe ich jede Menge Tricks, um wenig Energie zu verbrauchen, kenne die meisten meiner Sicherungen beim Vornamen und weiß, dass es auch komplett ohne Strom geht! Aber ehrlich gesagt: Das nervt!

„LANDSTROM" – DIE EINFACHSTE STROMVERSORGUNG

Wer nicht den Luxus einer eigenen Stromerzeugung genießt, sondern die Energie auf üblichem Wege aus den Stromsäulen auf Campingplätzen oder aus freundlicherweise zur Verfügung gestellten Steckdosen zapft, der benötigt hierfür eigenlich nur zwei Dinge: eine **Außensteckdose am Auto** und eine **sehr gute Kabeltrommel**.

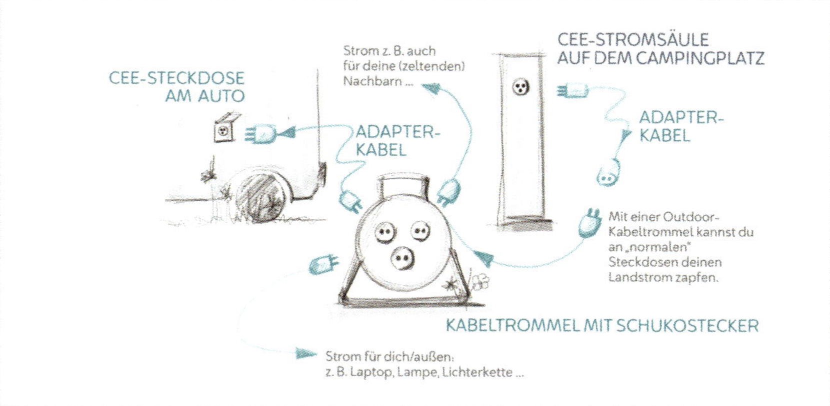

Zweipoliger Schuko-Stecker

Dreipoliger CEE-Stecker

WIE VERTEILT SICH DER STROM IM WOHNMOBIL?

Üblicherweise sind im Wohnmobil-Innenraum zwei Arten von Steckdosen:

★ Die „normale" 220-Volt-Schuko-Steckdose

Sie funktioniert entweder nur, wenn du am Landstrom hängst, oder wenn die Bordbatterie über **einen internen Wechselrichter** mit dieser Steckdose verbunden ist. Starke Verbraucher (Föhn, Kaffeemaschine, Laptop ...) solltest du nur mit Landstromspeisung einsetzen, damit du die Innenraumbatterie nicht ganz rasch leer saugst (außer du hast eine spezielle Lithium- oder AGM-Batterie, die mit hoher Leistung ausgestattet und für autarkes Wohnen gedacht ist).

★ Die 12-Volt-Zigarettenanzünder-Steckdose

Diese Steckdose ist für alle Geräte geeignet, die mit speziellen Kabeln bzw. über USB geladen werden. Passendes Zubehör (USB-Steckeradapter, Laptop-Kabel) findest du etwa im Kfz-Bedarf an Tankstellen oder im Baumarkt. (Nicht den Zigarettenanzünder im Cockpit benutzen! Er saugt die Starterbatterie leer!)

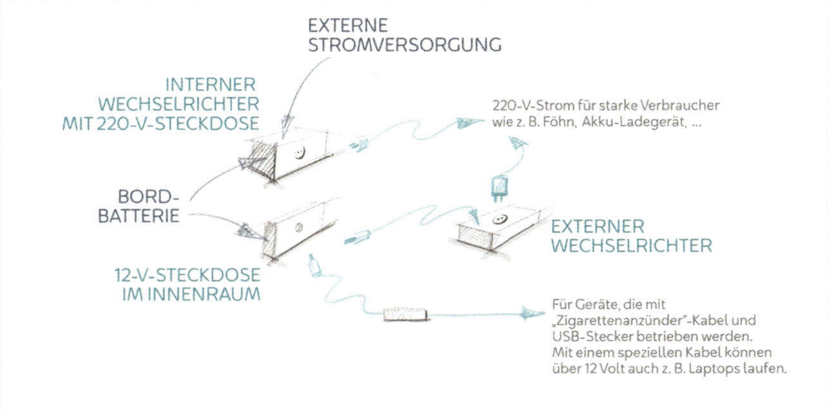

AUSREICHEND STROM SORGT FÜR KOMFORTABLES WOHNEN

Um dich beim Wohnen mit ausreichend Strom zu versorgen, verfügt ein Wohnmobil über eine **Bordbatterie**, auch Versorgungs-, Aufbau- oder Innenraumbatterie genannt. Versorgt wird sie sowohl während der Fahrt von der Lichtmaschine des Motors als auch im Stand mit Energie, die von außen zugeführt werden kann. Durch Landstrom, Solar- oder Windenergie, einen Generator oder eine Brennstoffzelle kann sie geladen werden.

Am **Elektroblock** des Wohnmobils sind alle Verbraucher und beide Batterien angeschlossen. Ein **Trennrelais** überwacht und kontrolliert den gesamten Stromfluss. Bei laufendem Motor wird für die Ladung der Bordbatterie gesorgt und im Stillstand die Entladung der Starterbatterie verhindert. Dieser Regler überwacht also die Spannung beider Batterien und sorgt für die richtige Ladung, selbst wenn über Landstrom 220 Volt eingespeist werden.

Alle Informationen zum Thema Strom im Wohnmobil und weiterführende Links findest du auch auf meinem Blog:
www.cool-camping-wohnmobil.de/wohnmobil-stromversorgung/

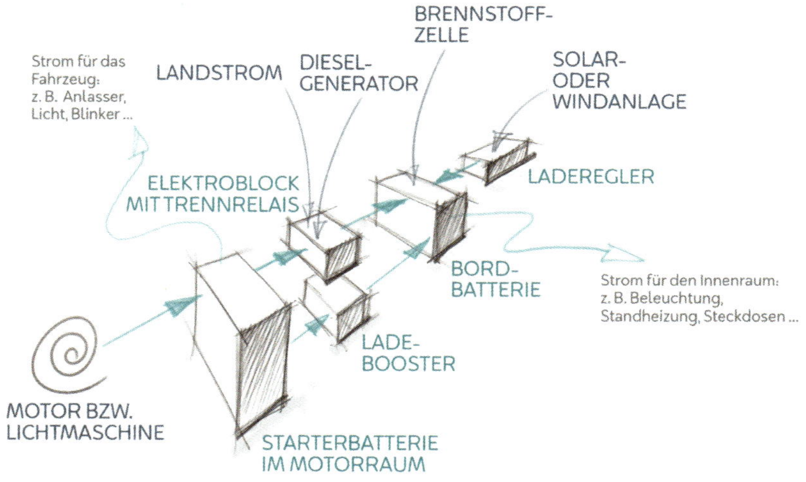

MÖGLICHKEITEN ZUR EIGENEN STROMERZEUGUNG

Wenn du unterwegs öfter frei stehen und nicht auf Camping-/Stellplätze angewiesen sein möchtest, lässt sich dein Camper relativ einfach nachrüsten. Nachhaltige Stromerzeugung gelingt auch im Kleinen:

★ **Solaranlage**
Es gibt zwei Varianten: die fest montierte Anlage auf dem Dach, die dir große Autarkie gibt, und faltbare Module, die du einfach bei Bedarf neben das Fahrzeug stellst und an die Innenraumbatterie anklemmst.

★ **Windturbinen**
Du erhältst den zwar am wetterabhängigsten, dafür aber am saubersten erzeugten Strom, wenn du die Turbine am Wohnmobil befestigst.

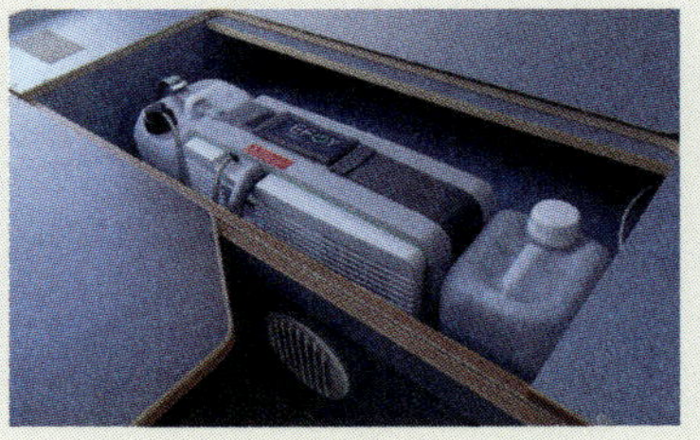

★ **Brennstoffzelle**
Sie wird einfach im Innenraum verbaut und erzeugt mithilfe von Methanol unkompliziert und zuverlässig (weil wetterunabhängig) unendlich viel Strom.

Ich liebe meine efoy, die du hier bekommst:
www.efoy-comfort.com

STROMSPARHILFEN ALS GUTE INVESTITION

Wegen häufiger Elektrikprobleme habe ich viele Formen des Stromsparens eingeführt und komme deshalb selbst an Freistehplätzen immer mit sehr wenig Energie aus:

★ Alle Lampen innen sind mit verbrauchsarmen **LED-Birnen** ausgestattet.

★ Ich habe eine **Solar-Leselampe** dabei, sollte die Batterieladung mal knapp werden. Manchmal lasse ich sie an, wenn es nachts zu dunkel ist oder ich „außer Haus" bin und das Gefühl vermitteln will, dass der Bus gerade bewohnt ist.

★ Den Kühlschrank lasse ich **nur tagsüber laufen**, denn die Restkälte reicht leicht über Nacht (und es ist leiser).

★ Ich habe immer eine **voll geladene Powerbank** an Bord – zum einen als Notreserve für das Laptop oder das Handy, zum anderen aber auch, um mir Starthilfe geben zu können (siehe auch Seite 130 und 145). Vor allem aber zur Sicherheit, nie ganz ohne Strom zu sein.

Das Setzen der Segel,
nicht die Richtung des Windes bestimmt,
welchen Weg wir einschlagen. Jim Rohn

3.
Abschied *ins Neue*

Unterwegs nach Griechenland | Die traumhafte Landschaft Italiens duckt sich unter der dichten Regenwolke. Ich habe das Gefühl, mit dem Dach an den Wolken entlangzuschrammen, tanze auf meinem Lkw-Sitz, gröle und singe – heule und schluchze. Und ich lache und bin so glücklich und so unfassbar traurig zugleich. Es ist meine Abschiedsfahrt aus dem alten Leben. Körperlich und seelisch: Ich spüre so sehr, dass ich HIER bin, im JETZT, und dass das Alte hinter mir liegt. Es ist beängstigend und tieftraurig! Ich spüre mich mit jedem weiteren Kilometer immer weiter von meiner alten Hülle entfernen, spüre es körperlich. Ich denke intensiv an die letzten Jahre, an all das Schwere und Traurige – und hole mich immer wieder zurück in den beglückenden Zustand der Vorwärtsbewegung. ICH sitze am Steuer! Ich bewege mich – auf meinen Wunsch! – von dort hinten weg nach vorne. Aus der Vergangenheit in die Zukunft. Geradewegs ins Neue! Ich bestimme, wohin meine Reise geht! Das ist heilsamer und einprägsamer, als jede Therapiestunde es jemals sein könnte: mit eigener Kraft das eigene Sein „weg von ..." und „hin zu ..." bewegen. Bildlich, körperlich.

Ganz weit hinten sehe ich die Wolken aufbrechen; es strahlt aus dem Dunkel, und ich spüre die Wirklichkeit einmal mehr als Sinnbild meines Seins: Es wird werden. Es wird hell und schön und warm; gleich dort hinten; ich kann es sehen!

... SO MANY PEOPLE TURN ME ONE WAY.
SO MANY PEOPLE TURN ME TO STAY.
NEVER HAD TIME
TO HAVE MY MIND MADE UP.
CAUGHT IN A MOTION
AND I DON'T WANNA STOP ...

"BURNING" VON THE WHITEST BOY ALIVE

Und ich fahre, fahre, fahre ... Franz schnurrt die Kilometer ab. Ich merke, dass es bergab zum Meer geht, denn er läuft fast wie von allein. Die Wolken nehmen ab, es wird warm: Fenster auf – Luft rein – Musik laut, laut, laut!

Italiens Campingwelt begrüßt mich mit großen Schildern zum Pool-Benutzungs-Reglement in allen Weltsprachen. Und obwohl ich die einzige Camperin auf diesem Platz bin, darf ich zehn Minuten nach Ende der offiziellen Öffnungszeit auch auf meine charmante Bitte hin nicht in das kühle Wasser springen. Regel ist Regel und bedingt Achselzucken auf beiden Seiten. Egal: dann halt heiß duschen. Aber schon am nächsten Morgen stehe ich mit den Füßen im erfrischenden Nass – leider allerdings im Bus. Zum Glück finde ich rasch das Problem: Die neu eingebaute Wasserpumpe leckt. Dankbar freue ich mich, dass ich mich am Abend mit barscher Rede zurückgehalten habe, denn so kann ich den Campingplatz-Chef um Werkzeug und Hanffasern für die Wasserleitung bitten. Er steht mit verschränkten Armen neben mir und sieht mir interessiert, wenn auch leicht ungläubig über die Schulter, während ich das kleine Problem löse. Als ich uns beiden stolz die funktionierende und gedichtete Wasserleitung präsentiere, kann er seine Neugierde nicht mehr bremsen: Warum ich alleine unterwegs sei? Was soll ich ihm sagen? Weil mein Mann und ich uns getrennt haben und ich mein Glück nun alleine finden muss/will? Weil ich fliehen wollte vor dem Leben? Weil ich Boden unter meinen Füßen suche? Weil ich nur mit Abstand einen Neuanfang finden kann? Schwierig, in wenigen Sätzen auf Englisch so zu antworten, dass es verstanden werden kann. Ich entscheide mich für eine glatte Lüge: dass mein Ehemann in Ancona auf mich wartet. Meine Schwindelei ist ein fairer Ausgleich für seine engstirnigen Poolbenutzungs-Regeln, finde ich und grinse ein bisschen über meine Logik.

In Ancona tauche ich das erste Mal in den Stadtverkehr ein, um zum Hafen zu gelangen. Ich weigere mich, das geliehene Navi einzuschalten, denn es ist einfach herrlich: Ich sitze weit oben, bin total entspannt, genieße meine optische (Bus-)Größe, habe Zeit, und keiner kann mir etwas tun ... und schließlich: Der Hafen kann ja nur irgendwo am Meer liegen.

Überpünktlich reihe ich mich in die Reihe der Wartenden ein und stehe inmitten großer Lkw, denen ich mich irgendwie sehr verbunden fühle. Sie verkörpern mein schönes Lebensgefühl, denn auch wenn ich weiß, dass dieser Job wahrlich Knochenarbeit ist, romantisiere ich alle Lkw-Fahrer zu coolen, gut aussehenden, entspannten Typen. Während ich mich also langsam bei lauter Musik mit meinen „Lkw-Kollegen" Richtung Rampe bewege, fühle ich mich stark, stolz, obercool. Der arme Einweiser ist völlig baff, als ich ihn mit meinem allerstrahlendsten Lächeln einhülle! Das hat er hier sicher noch nie zugeworfen bekommen ... Aber er weist mir den perfekten Platz zu, denn ich darf direkt neben dem offenen Bullauge stehen! Freier Blick aus meinem Franz auf das Meer – welch wunderbares Geschenk!

Beim Ablegen der Fähre sitze ich mit dem Rücken zur Fahrtrichtung an Deck. Ich sehe zu, wie sich Ancona, dann Italien und gleichzeitig mein bisheriges Leben langsam verabschieden, und hinter meiner verspiegelten Sonnenbrille rinnen ungehindert die Tränen. Es ist ein neues Bild, dessen Bedeutung urplötzlich und mit Wucht in mein Bewusstsein einschlägt: Ich verlasse den festen Boden, ich verlasse bekanntes Gebiet. Es ist wieder ein so deutlich spürbarer Abschied von meinem alten Sein, dass ich mich unsäglich klein und allein fühle ... ein furchtbarer Moment.

Ich flüchte in meinen Van. Franz gibt mir den Raum, mich auszuweinen und selbst zu bemitleiden. Als alle Tränen endlich versiegt sind, setze ich mich mit einem griechischen Bier in die Bar. Ich wähle bewusst den Sitz in Fahrtrichtung, mit Blickrichtung nach vorne!

Sanft schaukelnd brummt uns die Fähre durch die Nacht. Frische Meeresbrise weht durch meine offenen Fenster, aber ich kann nicht schlafen. Immer wieder stehe ich auf und sehe durch das Fähren-Bullauge auf die uns begleitenden Sterne und das dichte Schwarz. Immer wieder schaudern mich die starken Gefühle der Verlassenheit und des Vermissens. Mit jedem Moment entferne ich mich weiter von meinem Leben, von meinen Kindern. Ich quäle mich mit dem Gedanken, dass doch alles falsch ist, was ich hier veranstalte ... Tiefste Dunkelheit im Herzen, Traurigkeit, Verzweiflung – bis mir endlich der Tipp eines Freundes einfällt, der „Zweifellisten" führt: Ich schreibe auf, was ich gerade glaube, mit meiner Reise falsch zu machen. Wem ich damit schade, was ich damit verpasse. Und fülle die andere Seite mit Zielen, die ich suche. Mit Wünschen, die ich erfüllen möchte. Mit Fragen, die ich klären will, und Dingen, die ich erleben, sehen, spüren möchte. Und ich bin überrascht, wie viel unbändige Sehnsucht in mir steckt und wie überzählig die positiven Gedanken gegenüber meinen Ängsten sind.

Als die Sonne endlich ihren allerersten Gruß über den Horizont schickt, der Himmel sich über mir in eine pastellblaue Symphonie wandelt, weiß ich: Ich bin vom Leben beschenkt. Ich darf meiner Sehnsucht nicht nur gewahr werden, sondern ihr zudem einfach auch noch folgen. Das erste Mal in meinem Leben.

Kalimera, Griechenland! Im Morgengrauen trinke ich meinen Kaffee im Franz sitzend und sehe der Küste zu, wie sie sich in den ersten Sonnenstrahlen an uns vorbeischiebt. Sanft, warm und einladend! Ihr möchte ich einfach folgen, das Meer immer linkerhand im Blick, einmal rund um den Peloponnes. Stehen bleiben, wenn es sich gut anfühlt. Wenn ich es will.

Ich rumple von der Fähre hinaus ins Stadtgewimmel und fühle mich plötzlich überglücklich und pudelwohl in diesem Chaos aus Menschen und Fahrzeugen. Welch Selbstbewusstsein: Die Griechen überqueren die Straße mit absoluter Gleichmut und der offenbar unumstößlichen Gewissheit, dass ihnen nichts passieren wird! Das Mütterchen humpelt im Schneckentempo über die Hauptstraße; sogar wenn die Mopeds mit hauchdünnem Abstand an ihr vorbeipreschen, bleibt sie gelassen auf ihrem Weg. Der Vater mit seiner kleinen Tochter kreuzt auf dem Rad seelenruhig durch das brausende Toben von der rechten auf die linke Spur, und niemand beschwert sich oder nimmt ihm die Vorfahrt. Ich sehe keine einzige bedrohliche Situation, obwohl alles durcheinanderwuselt. Alle Augen scheinen auf alles gerichtet zu sein. Ich bin völlig beeindruckt – und habe auch schon wieder ein Bild meines Lebens vor Augen: Genau so geht es mir doch auch! Ich bin inmitten des turbulenten Lebens, aber brauche keine Angst zu haben, denn alle, die mich umgeben, achten darauf, dass mir nichts passiert. Es ist zwar laut, lärmend, durcheinander und sicher nicht geordnet – doch niemand will mir schaden, jeder gibt acht auf mich, so wie ich auf alle achte. Ein schönes Bild, ein gutes Gefühl! Ich breche auf ... Ich bin unterwegs ins Neue.

Im Gespräch

… MIT PATRICK, ALLEINREISENDER GENIESSER, HANDWERKER UND THERAPEUT

Die Trennung hat ihm den Boden unter den Füßen weggerissen. Trotzdem hat er daraus etwas Wichtiges gelernt, sagt Patrick, denn er hat diesen Moment als Fußtritt verstanden, um in Bewegung zu kommen. In Nachtschichten hat er sich einen Kastenwagen ausgebaut und ist sechs Wochen lang durch Albanien gereist. Um sich spüren zu lernen und erst mal einfach zur Ruhe zu kommen.

Eine Lebensveränderung hat dich also zum Alleinreisenden gemacht. Oder warst du früher auch schon alleine unterwegs?

Früher bin ich zwar auch mal alleine gereist. Dann war aber sehr lange die Familie da, mit der ich in Urlaub gefahren bin, was ich sehr genossen habe. Allerdings war es schon damals so, dass ich mir immer wieder kurze Auszeiten genommen habe, um ein wenig zu mir zu kommen. Drei oder vier Tage in den Bergen – und ich bin gestärkt zurückgekommen.

Du wusstest also, dass dir Alleinsein guttut, und bist nach der Trennung bewusst alleine losgefahren?

Mir war einfach klar, dass es mir guttut, mal in Ruhe mit mir zu sein. Den Boden unter mir zurückzubekommen. Hinzusehen, wo ich gerade bin, was ich brauche … Nach 25 Jahren Familie war das ein ganz neuer Gedanke. Ein guter Zeitpunkt, um zu fragen: Was will ich eigentlich?

Als du das erste Mal los bist, hattest du auch den Plan: Jetzt breche ich auf ins Neue, jetzt muss sich etwas ändern in meinem Leben?

Ja, bei der ersten Reise nach Albanien hatte ich die Idee des Aufbruchs unbedingt. Da war wirklich der Gedanke, ein bisschen in die Einsamkeit zu fahren, um zu sehen, was da bei mir so passiert – also schon auch irgendwie therapeutisch. Bei den nächsten Reisen war ich einfach nur gerne alleine; ich wusste ja schon, dass dabei etwas passiert.

Und jetzt ziehst du immer wieder los – warum weiterhin allein?

Ich mache das wirklich gerne! Erstens ist es wirklich heikel, mit jemandem zusammen zu reisen. Das ist wie zusammen zu wohnen – das muss schon sehr gut passen. Und ich genieße es sehr, beim Reisen einfach meine Freiheit, meinen Rhythmus zu haben. Zum Zweiten kommt man alleine unterwegs einfach viel, viel besser mit anderen in Kontakt. Wenn man in einer geschlossenen Gruppe ist – und zu zweit ist man ja schon eine Gruppe –, wird das zu einer Hürde. Die Menschen kommen eher auf dich zu, wenn du alleine bist.

Fährst du also hauptsächlich alleine los, um in Kontakt zu kommen? Oder suchst du vielmehr die Ruhe?

Ich suche beides! Es ist die Mischung: Ich fahre los, um mich abzuschotten, mich aus dem normalen Alltag herauszunehmen. Dann gehe ich auch mal drei Tage alleine mit Zelt durch die Berge, beispielsweise in den Karparten. Dabei passiert natürlich auch etwas in einem. Wenn man tagelang mit niemandem spricht, sondern nur mit sich, kommt man dann schon sehr nahe an gewisse Seiten von sich ran – und das tut gut.

Aber als Alleinreisender kommst du auch näher an andere Menschen heran. Im Donaudelta hat mich zum Beispiel einmal eine Großmutter tagelang verhätschelt, geradezu gemästet … einfach so. Solche Begegnungen hast du aber nur, wenn du alleine auftrittst.

Du stehst ja gerne lieber abseits als im Gedränge: Hast du manchmal Angst, wenn du irgendwo in der Pampa stehst?

Nein, nie. Ich habe auch keine Sicherheitsvorkehrungen. Ich hatte noch nie Angst, mir ist aber auch noch nie irgendetwas Negatives passiert. Im Gegenteil: Ich habe nur gute Erfahrunge gemacht, beispielsweise auch mit der Polizei. Ich glaube fest daran, dass es daran liegt, wie man in der Welt auftritt. Je nachdem, wie man nach außen geht, kommt es zurück. Man muss eben darauf achten, dass man sich der Kultur anpasst, sich als freundlicher Gast verhält …

Glaubst du, dass es einen Unterschied macht, ob man als Mann oder Frau alleine unterwegs ist?

Ja, auf jeden Fall. Zumindest in den Ländern, in denen ich unterwegs bin. Gerade im Osten, also in Rumänien oder Albanien beispielsweise, ist es als Mann schon sehr viel leichter. Für die Menschen dort ist es schon verwunderlich genug, wenn ein Alleinreisender kommt. Wenn das dann auch noch eine Frau ist, irritiert es die meisten sicher sehr. Gerade in Dörfern sind ja auch nur Männer auf der Straße oder sitzen in Cafés. Da ist es als Mann sehr viel leichter, mal einen Kaffee zu trinken und dabei in Kontakt zu kommen.

Ja, das stimmt, das vermisse ich in meinen Reiseländern oft: einfach mal in ein Café zu gehen, wo man sich als Frau nicht als Fremdkörper fühlt. Aber wenn das Café eine Terrasse hat (ich also nicht ins „Allerheiligste" der Männerdomäne eindringe), dann setze ich mich schon einfach dazu, wenn ich Hunger habe oder dringend einen Kaffee brauche.

Andererseits finde ich aber, dass es als Frau leichter ist. Man irritiert derart, dass die Reaktionen – wenn man lächelnd auftritt – immer positiv sind. Ein Mann wirkt vielleicht auch bedrohlich. Aber eine Frau, die alleine reist, weckt (glaube ich) grundsätzlich erst mal Beschützerinstinkte. Ich habe noch nie erlebt, dass Männer, die von mir lächelnd, fragend, um Auskunft bittend angesprochen werden, übergriffig reagieren. Und vor allem die Frauen, die ja in den östlichen Ländern für Haus und Hof zuständig sind und meistens auch die Campingplätze oder kleinen Pensionen in Eigenregie führen, sind so positiv beeindruckt von alleinreisenden Frauen, dass da sofort eine ganz große Innigkeit herrscht. Aber wahrscheinlich werden eben auch Männer gerne bemuttert, wie du gerade von der Oma erzählt hast.

Deswegen fahre ich ja so gerne in eher untouristische Gegenden. Ich will Neues sehen, etwas Wildes, etwas Unberührtes. Und dazu lernt man in diesen Ländern, finde ich, die Menschen viel besser kennen, weil sie sich noch über Fremde freuen und offen sind.

Bekommst du auch oft die Frage gestellt, wie du es schaffst, allein zu sein? Ich meine nicht, ungeschützt unterwegs zu sein oder sich bei Pannen selbst helfen zu können, sondern: Wie kannst du es wochenlang nur mit dir alleine aushalten?

Ja, die Resonanz, dass sie selbst das nicht schaffen würden, bekomme ich auch von vielen. Sie fragen oft, was ich denn so mache, beispielsweise am Abend. Na ja, ich sitze eben da und gucke in die Sterne oder über den Fluss ... und kann dann auch allen Gefühlen Raum geben, die da kommen. Ich glaube, dass viele wirklich vor diesem Kontrollverlust Angst haben. Dass man im Alleinsein eben die angelernten Schranken nicht mehr hat, die ja auch davor schützen, negative Emotionen rauszulassen. Es gibt schließlich nicht nur schöne, sondern auch harte Tage. Da kommt vielleicht auch mal die Traurigkeit. Vielleicht fällt man ja auch erst mal, wenn man alleine ist, denn die Gefühle werden einfach tiefer. Und vielleicht kommen auch einsame Momente ...

Kennst du die Einsamkeit unterwegs?

Ehrlich gesagt ist ein Einsamkeitsmoment unterwegs viel einfacher als zu Hause. In Gruppen oder auf einem Fest trifft mich die Einsamkeit manchmal genauso. Und da zweifle ich dann schon grundsätzlich und stelle alles infrage, fühle mich sehr verloren. Wenn ich alleine

unterwegs bin, kann ich damit viel besser umgehen. Ich habe ja trotzdem die Verbindung zu meiner Welt. Ja, vielleicht bin ich auch mal traurig, aber das ist dann eben so.

Und traurig ist ja nicht unbedingt nur negativ, oder? Ich finde, dass das manchmal einfach dazugehört.

Ja, das finde ich auch. Aber das können die wenigsten so empfinden, das ist wieder so ein gesellschaftliches Ding. Traurig sein darf man nicht so richtig, jeder hat ein bisschen Abstand dazu, mag das nicht aushalten müssen. Traurigkeit ist einfach anstrengend.

Das Alleinreisen hat auch etwas Egoistisches, oder? Mir wird das jedenfalls oft vorgehalten.

Na ja, egoistisch bekomme ich nicht zu hören. Aber: Du machst das ja wirklich nur für dich. Ganz alleine. Ohne mich. Ich sage dann immer: Sei froh, dass ich das mache, nur für mich zu sein – dann komme ich gestärkt, erholt und gut gelaunt für dich und den Alltag zurück. Wenn ich es schaffe (und wie man das macht, ist völlig egal), gut BEI mir und MIT mir zu sein, ist es für jeden Menschen, mit dem ich in Kontakt bin, von Vorteil. Denn dann kann ich auch besser zu dem anderen sein.

Du kannst also sagen, dass diese „Therapie" des Aufbruchs bei dir etwas bewirkt hat?

Mir hat diese erste Reise auf jeden Fall geholfen. Und auch die anderen Reisen bewirken etwas. Ich kann gut nachvollziehen, dass manche Menschen Angst davor haben. Vielleicht auch nur unbewusst vor dem, was da kommen könnte: Gefühle, Zweifel ... Aber ich würde behaupten, es würde jedem Menschen guttun, sich mal für ein paar Wochen im Jahr eine Auszeit zu gönnen, um dieses Für-sich-alleine-Sein, dieses In-sich-Hineinspüren zu üben.

Ich danke dir sehr, Patrick, dass du mir von deinen Erfahrungen zum Aufbruch erzählt hast, die meinen so sehr ähneln! Spannend fände ich es noch, deinen Sinn des Lebens zu erfahren – sofern du ihn schon gefunden hast.

Ich weiß es nicht. Ein Ziel wäre, im Alter zurückzuschauen und nichts zu bereuen. Und ich möchte ...

... offen und neugierig bleiben.

Mein Tipp

ENTSPANNT WEIT WEG: MIT DER FÄHRE

Ich liebe Fährfahrten! Auf allen bisherigen Schiffen habe ich mich wohlgefühlt, es war sauber, die Besatzung sehr nett, das Essen gut, die Kabinen in Ordnung. Für alle, die schnell weit weg wollen, sind folgende Fähren zu empfehlen.

SCHÖNE FÄHRROUTEN

★ Nach England/Schottland | Amsterdam–Newcastle
In Amsterdam gibt es übrigens einen tollen zentralen Stellplatz für die Stadtbesichtigung. Eingecheckt wird am Hafen erst am späten Nachmittag, und schon am nächsten Morgen bist du zum Tourstart an der Ostküste Englands.

★ Nach Griechenland | Venedig–Patras
Mit 32 Stunden ist dies die längste Strecke, die ich mit dem Wohnmobil auf einer Fähre gefahren bin. Perfekt ist in den Sommermonaten die Option „Camping on bord" auf einigen Linien, bei der man seinen Camper als Wohnung benutzen darf.

★ Nach Albanien | Ancona–Durres
Ganz entspannt bist du vom Nachmittag bis zum Morgen auf dem Schiff und erreichst Albanien in aller Frische. Für diese Ministrecke wollte ich keine Kabine buchen, habe aber ganz gut auf dem Boden bzw. Sofa geschlafen.

★ Nach Litauen | Kiel–Klaipeda
Auch diese Strecke kannst du einfach über Nacht in einer schönen Kabine verbringen, um am Morgen ausgeruht nach dem Frühstück von Bord zu rollen.

★ Nach Finnland | Travemünde–Helsinki
Ganze 29 Stunden dauert die Überfahrt auf dieser tollen, ziemlich luxuriösen Fähre – und du kannst sogar eine Sauna genießen!

★ Nach Georgien | Burgas (Bulgarien)–Batumi
Eine Strecke für Entdecker mit genug Reisezeit: Drei Nächte verbringst du auf der kleinen Fähre, inmitten einer Horde von Lkw-Truckern, die hier ihre Freizeit mit Essen, Trinken und Spielen verbringen. Die Passagiere werden auf Viererkabinen verteilt. Die Fähre ist sauber, das Essen lecker, die Besatzung supernett.

TICKETKAUF

Das Ticket kaufst du entweder vorher (im Reisebüro bzw. online) oder vor Ort. Im Passagierterminal des Hafens oder in einem der vielen Reisebüros, die auf den Hafen-Zubringerstraßen angesiedelt sind, findest du die Schalter der Fährgesellschaften. Von manchen Häfen fahren mehrere Fähren mit unterschiedlichen Zielen ab, die auch von unterschiedlichen Anbietern gestellt werden. Das bedeutet, dass du je nach Wunschziel für deinen Ticketkauf zum passenden Büro bzw. Schalter steuern musst. Klingt komplizierter, als es ist: Vom Flughafen kennst du dieses Prozedere wahrscheinlich ohnehin. Ob vorher besorgen oder vor Ort kaufen: Im Prinzip hast du die Wahl zwischen einem sicheren Fährplatz inklusive eventuellem Pünktlichkeitsstress oder Spontaneität mit eventueller Verzögerung bzw. zusätzlichern Übernachtung nahe dem Hafen, weil erst die nächste Fähre möglich ist. (In der Nebensaison habe ich bisher allerdings noch auf jeder Fähre einen Platz bekommen.)

TIMING

Etwa zwei Stunden vor der genannten Abfahrtszeit solltest du dich mit deinem Ticket zur Hafeneinfahrt begeben. Das klingt sehr früh, aber wie bei einer Grenzstation werden an diesen Toren alle Autos und besonders Lkw ziemlich penibel durchgecheckt (beispielsweise nach blinden Passagieren an Bord), was manchmal ziemlich lange dauern kann.
Am Einfahrtstor wird dir die Reihe genannt, in der du dich für deine Fähre anstellen sollst. An manchen Häfen ist das Ganze etwas unübersichtlich, aber keine Sorge: Du wirst an die richtige Stelle geleitet. (Nach meiner Erfahrung sind die Hafenmitarbeiter sehr hilfsbereit, und auch an den anderen Campern kannst du dich gut orientieren.)
Und wenn du aus Versehen oder zur Sicherheit zu früh dran bist … außerhalb des Hafens gibt es immer Möglichkeiten, spazieren zu gehen oder einen Kaffee zu trinken. Und innerhalb des Hafengeländes hast du ja dein eigenes „Wohlfühl-Mobil" mit Verpflegung, Kaffee und Bett dabei.

EINCHECKEN

Irgendwann siehst du dein Schiff einlaufen. Du kannst gemütlich beim Anlegemanöver zusehen, denn es dauert lange, bis die geladenen Autos und Lkw ausgespuckt sind und deine Warteschlange an Bord gelassen wird. Du hast mindestens eine halbe Stunde Zeit, nachdem die eingelaufene Fähre das erste Seil zum Vertäuen herabgelassen hat. Bleib ruhig und gelassen! Die Schiffsbesatzung wirkt zwar hektisch und genervt, aber sie ist unsichere Fahrer gewohnt. Fahre mit den anderen Autos zur großen Rampe. Dort gibst du das Ticket aus

dem Fahrerfenster und folgst den Einweisern. Lass dich nicht aus der Ruhe bringen, es kann nichts passieren, außer angepfiffen und angemotzt zu werden, aber du bist ganz sicher nicht die/der Erste, die/der vielleicht etwas langsamer ist! Und alle werden auf dich warten. Lächeln hilft übrigens auch hier!
Auch wenn dich der Einweiser seitlich zu nahe an ein anderes Fahrzeug lotsen will, sei stur! Achte darauf, dass du Platz genug hast, um deine Türen zu öffnen! Er kennt das Problem und versteht, wenn du (etwas) weiter weg bleibst.

„CAMPING ON BOARD"

Für Wohnmobile gibt es auf manchen Fähren die Option „Camping on board". Das heißt, dass dein Gefährt auf dem „Open Deck" parkt und für dich während der Überfahrt (statt einer Kabine) ständig zur Verfügung steht. „Open Deck" bedeutet, dass dieses Deck (mit einer Karte als Schlüssel) für dich die ganze Zeit zu betreten ist, sodass du in deinem „Zuhause" ganz gemütlich die Zeit mit Essen, Ausruhen oder Schlafen verbringen kannst. Leider bieten die Fährgesellschaften diese Möglichkeit nicht in jeder Jahreszeit und nicht auf allen Strecken an. (Am häufigsten wirst du Glück auf den Strecken in den Süden/nach Griechenland haben; in den Norden ist mir noch keine „Camping an board"-Option angeboten worden.) Erkundige dich deswegen besser vorher, außer du bist entspannt genug, entweder die nächste Fähre mit dieser Option zu nehmen oder eben „klassisch" in einer Kabine zu reisen.
Mit dem Ticket bekommst du ein „Open Deck"-Schild, das du mit deinem Zielhafen hinter die Windschutzscheibe klemmst. So können dich die Einweiser an die richtige Stelle im Schiff dirigieren, sodass du mit den anderen Wohnmobilen im Pulk (meist nahe der offenen Fenster) stehst.
„Camping on board" ist natürlich meine bevorzugte Reiseart per Fähre (nichts geht über mein eigenes Bett im Franz) – aber auch in Kabinen bin ich inzwischen mehrfach übers Meer geschippert und kann mich nicht beklagen: immer sauber und gepflegt und in den meisten Fällen sehr entspannte oder gar keine Zimmergenossinnen. (Bei Einzelreisenden wird nach Geschlechtern sortiert). Ich habe aber auch schon (auf der Fähre nach Albanien) ohne Kabine die Nacht verbracht. Auf dem Boden bzw. einer Bank lässt es sich (wenn man etwas härter im Nehmen und relativ unempfindlich gegenüber lauten Mitreisenden ist) eigentlich auch ganz gut schlafen.

AN BORD

Hast du „Camping on board" gebucht und stehst auf deinem dir zugewiesenen Platz, muss nur noch die Handbremse angezogen werden, und schon kannst du es dir gemütlich machen! Kurz darauf wird dir von der Crew ein Stromkabel

von der Decke gezogen, das du anstecken kannst. Ist dein Wohnmobil fertig geparkt, kannst du an Deck gehen und einen Kaffee mit Blick auf das verschwindende Land genießen.
Ohne „Camping on board" musst du dich mit Handgepäck zur Rezeption des Schiffes begeben, wo dir deine Kabine zugewiesen wird. Es macht Sinn, bei der Einfahrt auf das Schiff schon gepackt zu haben, denn Wohnmobile werden oft zuletzt aufgeladen (netterweise, denn so kommt man als Erstes von Bord). Und damit steht die Abfahrt des Schiffes kurz bevor, was bedeutet, dass du aus deinem Mobil schnellstmöglich draußen sein solltest, damit das Deck geschlossen werden kann. Viel Zeit bleibt also nicht zum Packen, und die Crew ist diesbezüglich sehr unnachsichtig mit Verzögerungen. Ein gutes Bett und ein Bad (sogar mit Dusche!) versüßen dir den Umstand, dass du diese Nacht nicht im eigenen Mobil verbringen kannst.
Alle Fährlinien bieten Restaurants und Bars an Bord. Die Qualität wechselt, allen gemein ist aber, dass sie relativ teuer sind. Andererseits ist es wundervoll, mit Blick auf das Meer ganz gemütlich zu speisen oder an der Deckbar einen Kaffee oder das erste lokale Bier zu genießen. Bei „Camping on board" hast du natürlich das Glück, dir selbst deine Mahlzeiten zubereiten zu können – aber Achtung: Deine Gasanlage darf nicht in Betrieb genommen werden!

MEINE FÄHRTIPPS „EXTRA"

★ Auch wenn Fähren selten richtig ins Schaukeln geraten: Viele, vor allem Kinder, werden schon bei leichten Schunkelbewegungen seekrank. Halte also eine **Medizin gegen Reisekrankheit** bereit.

★ **Ohrstöpsel** werden dir sicher in der oft lauten Nacht (Schiffsdiesel-Brummen, Knattern der Lkw-Kühlung, Alarmanlagen, schnarchende Nachbarn ...) zu einem entspannten Schlaf verhelfen.

★ Sinnvoll ist es, immer genügend **Wasserflaschen** mitzunehmen: Wasser an Bord zu kaufen, ist schlicht sehr teuer – und das dortige Leitungswasser ist nicht trinkbar.

★ Auf hoher See ist das **Internet** weit weg. Auch wenn man sich das nicht vorstellen kann: Schon ein paar Kilometer von der Küste entfernt ist man völlig offline. Auf manchen Fähren (zum Beispiel ins Baltikum) kann man sich (ziemlich teuer natürlich!) Datenpässe kaufen. Deshalb ist es empfehlenswert, sich seine Playlist (oder Filme) vorher runterzuladen und sich anschließend über Unerreichbarkeit zu freuen.

Die Seele braucht die Sehnsucht,
die sie vorantreibt, die sie motiviert,
damit sie weiterwandert auf dem inneren Weg.
Erst in unserer Sehnsucht
finden wir wirklich Heimat.
Anselm Grün

4.
Sehnsucht *nach mehr*

Griechenland, Peloponnes I | Ich fahre, rolle, schaue, rieche, singe, genieße und bleibe immer wieder stehen, um zu baden, Kaffee zu trinken, zu picknicken. Es ist ein herrliches Gefühl, das mir ein ganz leichtes Herz verschafft: eine Idee zu haben und sie ganz ohne Diskussion umzusetzen. Ich bin im besten Sinne des Wortes selbstbestimmt!

Ich finde einen wahren Traumplatz! Auf einem Mini-Campingplatz stehe ich fast alleine, direkt am Meer – um mich herum Raum und Ruhe. Genau so habe ich es mir gewünscht! Ich setze mich mit einem Glas Wein auf die Felsen ans Wasser und schaue lange einfach so vor mich hin. Mein nächster und einziger Nachbar ist ein deutscher Rentner, der ebenfalls alleine hier steht. Als wir einander vorstellen und gleich sympathisch finden, merke ich erst, wie wenig ich die letzten Tage gesprochen habe. Gemeinsam gehen wir am Abend zum Essen in die Taverne am Platz, und ich lasse mir von ihm die griechische Mythologie erklären. Es ist ein schöner Abend und ein sehr interessantes Gespräch, aber ich spüre, dass ich lieber alleine wäre. Sein Angebot, mir am nächsten Tag in Nafplio das dortige Museum zu zeigen, in dem er sich sehr gut auskennt und das mich eigentlich sehr interessiert, lehne ich freundlich ab, weil ich merke, dass ich Raum brauche, Stille, Alleinsein. Und freue mich sehr darüber, dass ich meine Gefühle so klar fassen und einfach kommunizieren kann. Wieder was gelernt, denke ich.

Ich genieße jeden Moment auf diesem für mich durch und durch perfekten Platz. Trotzdem fange ich am dritten Tag zu hadern an: Soll ich hier im Paradies bleiben und weiter völlig unbeschwert meine Zeit verbringen? Oder verpasse ich in dieser Glückseligkeit vielleicht irgendetwas, vielleicht sogar etwas Besseres? Soll ich den sicheren Hafen lieber verlassen, um Abenteuer zu erleben, noch Tolleres zu suchen? Und mich damit in die Gefahr begeben, für die restliche Zeit keinen so perfekten Stellplatz mehr zu finden?

Mit dieser Grübelei bin ich schon wieder bei einem grundsätzlichen Bild meines Lebens: Will ich ganz tief in mir drin ein komfortables, sicheres Leben in Stillstand, Ruhe und Gemütlichkeit? Oder lieber doch das unsichere, aber spannende Abenteuer? Will ich neue Erkenntnisse und abgehakte Punkten meiner Face-your-Fears-Liste, aber möglicherweise ohne Happy End? Tief in der Nacht sitze ich auf dem Felsen über der Brandung und versuche, mein Bauchgefühl zu befragen. Ich erlaube mir, die aufkommenden Ängste genau zu betrachten: Was fürchte ich unterwegs zu verlieren? Welche Situation könnte mich woanders stressen? Woran könnte ich scheitern? Was kann mir wichtiger sein als all das Schöne, das ich hier habe? Und vor allem: Wonach sehne ich mich im tiefsten Inneren? Im Angesicht des unendlichen Sternenhimmels lege ich eine „Sehnsuchtsliste" an. Ich zähle für mich auf, was ich suchen, entdecken, erleben, empfinden will, lasse meine Gedanken einfach unkommentiert fließen und wäge ab zwischen Sehnsucht und Geborgenheit. Zwischen unklarer Suche, Finden-Wollen und diesem wundervollen Genussplatz.

Am Morgen bin ich völlig klar. Packen, verabschieden und pure Freude, als Franz (zumindest in meiner Wahrnehmung) sehr zufrieden dahinrollt. Entgegen den Warnungen meines Campernachbarn biege ich in die kleinste Straße ein, denn ich will keinen öden Teerbelag auf gerader Strecke. Ich will quer durch Arkadien, rauf und rauf und rauf ... Drei Tonnen Franz schleppen sich mühsam im zweiten Gang die Berge empor, bis nur noch Schotterwege bleiben. Oben erwartet uns das Nichts. Stille über der weiten Ebene: kein Vogelzwitschern, kein Zikadengetöse, nur hier und da ein Ziegenglöckchen und das sanfte Gräsersirren. Ich platze fast vor Glück und tätschle Franz, der so tapfer mitmacht. In die Stille platzt mein Lachen, weil ich erschreckt bemerke, wie selbstverständlich ich mit Franz laut spreche und inzwischen richtig freundschaftliche Gefühle zu ihm hege. Manchmal finde ich mich selbst zum Wegwerfen komisch – und freue mich darüber, dass ich über mich so lachen kann.

„Fernweh erledigt sich nicht damit, dass man ein Schiff besteigt. Oft ist es sogar nichts anderes als eine Form von Heimweh – die Sehnsucht nach dem Unbekannten oder noch nicht Entdeckten in uns selbst."

John Cheever

Im Schritttempo mit offenen Fenstern kurve ich auf dem Hochplateau durch die Gegend und betrachte alles mit großen Augen und offenem Hirn: All das will ich für ewig behalten! Mir ist vollkommen bewusst, dass ich so sehr beschenkt bin. Dass ich jetzt und hier sein darf, mitten unterm Jahr, während alle anderen arbeiten und überall normales Leben stattfindet – nur ich bin hier, weil ich hier sein will. Weil ich es entschieden und einfach getan habe! Selbstbestimmung pur.

Während ich noch vor mich hin grinse, laut singe, die einsame Schotterpiste genieße und gar nicht weiß, wohin mit meiner guten Laune, wackelt urplötzlich der Schalthebel seltsam ungesund beim Gangwechsel. Irgendetwas ist gerade kaputtgegangen. Nicht so optimal, hier oben ... Aber Franz fährt und bremst wie immer; es ist offensichtlich nur die Stange, die nicht mehr richtig einrasten will. Ich winke innerlich ab, vertraue darauf, dass es nichts Schlimmes sein kann, und fahre in ungetrübt guter Stimmung weiter abwärts Richtung Meer, um im Küstenort Monemvassia einen Frappé-Stopp einzulegen. Beim Einparken trübt sich die gute Laune allerdings schlagartig, weil der Rückwärtsgang mit dem kaputten Schalthebel eigentlich nicht mehr zu finden ist. Ich rühre, ziele, treffe endlich, parke ein – und gehe erst mal einen Kaffee trinken und die Stadt besichtigen.

Nach Kultur und Frappé ist es spät am Tag geworden; keiner der Einheimischen kennt einen erreichbaren Campingplatz in der Gegend, und so trete ich spontan auf die Bremse, als ich an einem kleinen Hotel vorbeisause. Irgendwo außerhalb eines Campingplatzes zu übernachten wage ich nicht, und ich will bei der einbrechenden Dunkelheit auch nicht weiterfahren. So lasse ich Franz ausgesprochen ungerne draußen stehen und liege nach den schönen Nächten am Meer extrem unwillig in einem Hotelzimmer. So viel Platz und Leere um mich, so weit weg vom Meer ... Auch der schöne Pool und das große, saubere Bad versöhnen mich nicht mit dem schlechten Gewissen, dass Franz jetzt ohne mich übernachten muss. Wie albern!

Selbst im Hotelzimmer wache ich in meinem inzwischen eingeschliffenen Tagesrhythmus bei Sonnenaufgang auf. Nach dem Sprung in den Pool bietet mir der sympathische Hotelbesitzer einen Nescafé an, den wir gemeinsam, auf kleinen Schemeln sitzend, vor seinem Wohnzimmer trinken. Lange, schweigende Pausen zwischen ein paar Brocken Englisch, mit denen wir uns „unterhalten". Ich finde diesen Moment großartig, fast meditativ: sitzen, lange über das folgende Wort nachdenken, den anderen immerzu anlächeln, die Sympathie auf beiden Seiten spüren und gemächlich den Tag laufen lassen. Es wird, so hatten wir am Abend vorher über das Übersetzungsprogramm des Hotelcomputers am Tresen der Rezeption englisch-griechisch-deutsch kommuniziert, zwischen Vormittag und Mittag ein Mechaniker vorbeikommen, der sich meinen Franz mal ansehen wird. Irgendwann wird jemand kommen, irgendwas wird passieren, irgendwie wird es weitergehen. In mir, mit meinem Kaffeepott in der Hand, den väterlichen Fremden neben mir, breitet sich tiefste Ruhe aus, die ich als vollkommenen Frieden empfinde. Es ist alles in Ordnung, alles wird gut. Ich bin bei mir und kann mich erst einmal nur auf den Moment besinnen und die Situation genießen. Ich bin nicht allein, denn es gibt die, die sich um mich kümmern und mit mir friedvoll, schweigend, gut gelaunt Kaffee trinken. Herrlich!

Gerade als mir mein Freund eine hübsche gelbe Rose aus seiner Hecke pflückt, brettert der Mechaniker mit seinem BMW auf den Hof. Gewandt und überraschend dynamisch rutscht er mit seinem Kugelbauch unter den Bus und bedeutet mir nach einem kurzen Blick auf den Unterboden, mitzukommen. Gern! Aber: Franz springt nicht an. Ich bin schockiert, denn damit hatte ich natürlich nicht gerechnet. Wie kann das sein? Dann klappt auch noch die Starthilfe mit meinem Starthilfekabel nicht. Und der Mechaniker behauptet, es liege nicht an der Batterie. Aber woran denn dann? Ich bin ratlos und zucke mit den Schultern. Beide Männer zucken mit. Ohne viele Worte wird Franz ans Abschleppseil geknotet, ich bekomme den Schlüssel des BMW in die Hand gedrückt, der Hotelbesitzer darf schleppen, der Mechaniker sich im Franz ziehen lassen, und ich zuckle die paar Meter zur Werkstatt im BMW hinterher. Franz sehe ich so das erste Mal fahrend: sieht chic aus!

Eine geschlagene Stunde stehen Hotelchef und Urlauberin fast schweigend nebeneinander auf dem Hof der Tankstelle in der prallen Sonne. Immer wieder tätschelt der

Alte meine Wange, immer wieder drückt er mich wohlwollend an seine Schulter. Ich finde es lustig und grinse ihn an, fühle mich beschützt und gut aufgehoben. Ein paar Mal quetsche ich mich neben den Bauch des Mechanikers in die von dornigen Büschen überwachsene Grube unter meinen Bus, um zu sehen, wo das Problem liegt. So verstehe ich, dass nur eine schwarze Kunststoffbuchse am Ende des Ganghebels nach oben gerutscht ist. Dem Mechaniker laufen die Schweißbäche in Rinnsalen herunter, aber er werkelt geduldig. Als er die Originalbuchse nicht retten kann, steigt er aus der Grube, wandelt schweigend über den Hof und zerrt aus dem hintersten Gebüsch ein Stück Schlauch. Es wird abgeschnitten, eingebaut ... und ein paar Minuten später, um ein paar Euro leichter und jede Menge Umarmungen reicher, springt Franz wie gewohnt an und fährt mit einer laut grölenden Blondine in Richtung Berge, an der Frontscheibe eine gelbe Rose in der Blumenvase.

Ich kurble meinen Franz wieder hinauf in die Höhe, mache mir einen Kaffee mit Aussicht, stecke mir eine Abenteuer-Fluppe an und bin voller Dankbarkeit, einen Teil meiner Sehnsucht gefunden zu haben: Begegnungen mit Menschen, die mich zum Lächeln bringen, die mir wohlgesonnen sind. Unbekannte, die Wärme, Nähe, ja Liebe versprühen und die mir zeigen, dass ich in dieser Welt niemals alleine bin:

Ich folge meiner Sehnsucht und bin umfangen von Wohlwollen.

Im Gespräch

... MIT MIR, SUSANNE, ALLEINREISENDE UND SEHNSÜCHTIGE

*„Sehnsucht: Ein Versprechen liegt in der Luft, ein Traum lockt. Sehnsucht zielt auf Erfüllung und verheißt dem Leben Sinn, Ziel, Bedeutung, Glanz. (...) Das Wunder der Sehnsucht ist Wandlung ...“ (Anselm Grün)**

Ich brauche immer Neues. Keine Dinge! Aber ich begeistere mich an allem, was ich noch nicht kenne, und versuche (fast zwanghaft?), keine Wiederholungen zuzulassen. Auch im Alltag unterstütze ich meinen Entdeckungstrieb und benutze immer möglichst unterschiedliche Strecken zu alten Zielen. Kürzlich entschied ich mich für einen längeren Arbeitsweg, weil ich morgens mit dem Gedanken an die St. Petersburger U-Bahn aufwachte – und mich das Fernweh überrollte. Ich sehnte mich nach der Ferne, sehnte mich danach, nicht hier, sondern einfach woanders zu sein. Dabei ließ ich zu, dass mich schlechte Laune ergriff, nur weil ich nicht fliehen konnte. Also wollte ich wenigstens den Tag als „Entdeckerin“ beginnen und wählte den (für mich) unüblichsten Arbeitsweg: mit der U-Bahn. Ich stand im rumpelnden Wagen und überlegte: Welche Sehnsucht ist es, die mein Fernweh auslöst? Die mich nicht hier in der „Normalität“ lassen möchte. Warum sehne ich mich nach der Ferne und wäre lieber im fremden St. Petersburg in einer ähnlichen U-Bahn mit ähnlichen Geräuschen, ähnlich stickiger Luft, Gedränge, Krach? Welchen Glanz suche ich, der mir im Alltag verloren gegangen scheint?

Es ist die Neugierde, die hier verloren geht. Das Einlassen, Wahrnehmen, das präsente Sein im Jetzt. Wir stehen in „unserer“ U-Bahn und schmieden Pläne, grübeln über gestern, wälzen Probleme. In der Fremde freuen wir uns über neue Farben, unlesbare Schilder, andere Kleidung. Wir sind dort im Hier, denn wir wollen Bilder sammeln, das Fremde entdecken, über Einzigartiges staunen. Wir wollen wachsen, dazulernen – ja, uns vielleicht sogar mit überraschenden Erkenntnissen wandeln.

Also entscheide ich mich, meiner inneren Sehnsucht (nicht dem Fernweh) zu folgen, mich dem Staunen und Entdecken hinzugeben, auch wenn es „nur" in meiner Stadt ist, und fühle mich sofort wie auf Reisen: Ich betrachte die Menschen, die Umgebung mit den Augen einer Fremden und sehe Details, die mir sonst nicht aufgefallen wären. Ich sehe ganz genau hin und bin tatsächlich ganz im Hier. Und auch mein kleines Spielchen funktioniert, das ich auf Reisen überall praktiziere: „Lächeln sammeln." Ich lächle den Menschen zu, strahle ein wenig Sonne in ihr Herz. Je nachdem, wie häufig zurückgelächelt wird, erobern sich die Städte ihren Platz auf meiner persönlichen Sympathie-Liste (oder eben nicht, wie Kaliningrad). Es wirkt auch jetzt! Diese „Übung" lässt mich noch stärker wie auf Reisen fühlen. Sie macht mich fröhlich und mein Gegenüber wahrscheinlich auch ein Stück weit – trotz des morgendlichen Berufsverkehrs.

Mit einem weiten Herzen und der Lust auf Entdeckung werde ich mir immer meiner Umgebung bewusst. Und in diesem Spüren, Einlassen und Wahrnehmen bekomme ich eine Ahnung vom Ursprung all meiner Sehnsucht. Der Sehnsucht, die nicht traurig macht, sondern mich antreibt und motiviert! *„Wer die Welt mit den Augen der Sehnsucht betrachtet, für den wird sie immer neue Überraschungen bereithalten. Er sieht in allem das, was er noch nie erblickt hat. Er sehnt sich danach, das Unsichtbare zu sehen, das noch nicht Erlebte zu erleben und das Ungesagte zu sagen. In allem, was er erlebt, erfährt er ein Versprechen, erkennt er eine Verheißung. Die Verheißung des noch nie Dagewesenen"*, schreibt Anselm Grün*.

Genau diese Sehnsucht nach dem immer wieder Erstaunlichen und meist auch Beglückenden möchte ich mir bewahren! Es geht für mich um nichts weniger als meine Ganzheit mit der Welt – und die ist nur zu finden, wenn ich die Welt entdecke, wenn ich mich ihr hingebe, mich durch sie treiben lasse: Ich schmecke die Luft an verschiedenen Orten. Ich spüre die Schwingungen in den Dörfern, ich empfinde Begegnungen: Scheu, Neugierde, Selbstbewusstsein … Und auch ich empfinde mich in unterschiedlichen Welten anders. Im reichen Slowenien trete ich den Menschen anders gegenüber als im abgelegenen Kirgistan – und lerne dabei etwas über mich! Ich fühle mich demütig bei manchen Landschaften, bin be-

… ON BENDED KNEE
IS NO WAY TO BE FREE
LIFTING UP AN EMPTY CUP
I ASK SILENTLY
THAT ALL MY DESTINATIONS
WILL ACCEPT THE ONE
THAT'S ME
SO I CAN BREATH …
"GUARANTEED" VON EDDIE VEDDER

seelt vom Anblick, sauge die Bilder in mich auf und verinnerliche den Moment. Und genau nach diesen Augenblicken sehne ich mich, wenn mich daheim das Fernweh packt, das mich immer wieder aufbrechen lässt in die fremden Ecken der Welt.

Jede Gegend, die ich bisher bereist habe, hat sich mit speziellen Gedanken zu meiner Lebenssituation verbunden, gleichzeitig aber auch etwas bewirkt. Wäre ich nicht so viel gereist und hätte mich nicht immer in neuen Gegenden bewegt, so hätte sich auch nicht so viel in mir verändern lassen. Ich bin sicher, dass die völlig intuitive Auswahl der Reiseziele sehr viel mit dem Wunsch zu tun hat, meiner Seele etwas Gutes zu tun. Die gewählte Umgebung kann wachmachen, aufrütteln, pflegen – und heilen.

Zu Beginn meiner Alleinreisen hätte ich niemals in den (in meinen Augen) unbequemen und mir unbekannten Norden fahren können. Ich brauchte in meinem damaligen Lebenschaos das Warme, das Anheimelnd-Gemütliche, das Bekannte. Ich wollte den ganzen Tag von der Sonne beschienen werden und mich äußerlich einfach wohlfühlen, weil innerlich alles wund war. Das mir so freundlich erscheinende Griechenland sollte mir als erstes Seelenland meiner Freiheit dienen. Hier konnte ich schwierigeren Gedanken nachhängen ... und gleichzeitig spüren, wie die wärmende Sonne mich wohlig umgibt, der heiße Sand mich trägt. An den Stränden Griechenlands fühlte ich mich in meiner Einsamkeit so sehr umhüllt vom Ganzen, von einer Einigkeit, dass irgendwann die Sorgen versiegten und aus meiner Tiefe ein Staunen aufstieg: Ich bin in dieser Welt, INMITTEN dieses Universums. Ich BIN. Und erstmals spürte ich die Sehnsucht, mich mit diesem Ganzen zu verbinden. Nicht gefangen zu bleiben in Traurigkeit und Wehmut, sondern mich frei zu machen, meine Neugierde auszuleben und meiner tiefen Sehnsucht nach Fülle, Erforschung und Verbundenheit mit der ganzen Welt nachzugehen.

Durch unsere Sehnsucht kommen wir unserem Herzen nahe. Sie treibt uns liebevoll weiter, motiviert uns zur Entdeckung der ganzen Welt – und zur Entdeckung von uns.

** Die Zitate auf diesen Seiten stammen aus einem meiner Lieblingsbücher von Anselm Grün: „Bleib deinen Träumen auf der Spur".*

Mein Tipp

GIB DEINEM BAUCHGEFÜHL ZEIT UND HÖRE IHM ZU!

Oft fühle ich mich getrieben, fast gehetzt. Ich stehe an den schönsten Plätzen und hadere mit meiner Unruhe. Will ich hier bleiben? Weiterfahren? Was hält mich hier, was suche ich dort? Ich mache mir diese Entscheidung zu oft so schwer. Und doch freue mich über diese Gedanken, wenn ich wieder feststelle, welches Privileg ich habe: dass ich ganz alleine entscheiden darf. Dass es nur an mir liegt, ob oder wann ich fahre. Es ist an mir zu entscheiden, ob ich mich hier oder woanders wohler fühle. Was ich genau jetzt brauche. Was ich suche. Was ich wirklich will.

„Das gute Leben ist ein Prozess, nicht ein Zustand von Sein. Es ist eine Richtung, nicht ein Bestimmungsort."

Carl Rogers

Auch wenn das Abwägen des nächsten Schrittes häufig schlechte Laune macht, weil es wirklich schwer ist, in sich hineinzuspüren und auf das eigene Bauchgefühl zu hören: Genieße es! Wann sonst hast du im Alltag tatsächlich die Gelegenheit zu erspüren, worum es in diesem Moment für dich geht? Wann darfst du dir die Zeit nehmen, in dich hineinzuhören und in Ruhe abzuwägen, was jetzt, in diesem Moment, für dich das Richtige ist? Wann kannst du zulassen, dass sich in dir verschiedene Meinungen ausbreiten dürfen, die miteinander – ganz ohne Streit – diskutieren, abwägen und einander zuhören. Wann hast du dir selbst das letzte Mal wirklich zugehört?

Natürlich, manchmal nervt diese Entscheidungsfreiheit auch. Vor allem, wenn ich sehr unsicher bin, ob ich jetzt lieber Gemütlichkeit oder Abenteuer brauche. Oder wenn ich nicht weiß, ob ich es gut finden soll, mich heimatlich (= faul) zu fühlen, statt in Entdeckerlaune (= fleißig) zu sein. Ja, machmal weiß ich einfach nicht, was ich eigentlich suche, was ich tatsächlich will. Was ich mir gönnen oder zumuten darf. Aber auch in diesen Momenten weiß ich: Egal, wonach ich mich im Grunde sehne – ich habe alles schon bei mir. Ich habe meinen Bus und ich habe mich. Und ich habe die maximale Freiheit des Bauchgefühls. Dann grinse ich in mich hinein und mache mir in Ruhe meine kleine Liste mit Punkten zum Abwägen. Und dann ist es meistens auch egal, wie ich mich entscheide, denn: Jede Entscheidung ist richtig, da sie aus dem Bauch kommt und genügend Zeit und Ruhe hatte, um sich zu entwickeln.

MEINE SEHNSUCHTS-LISTE ZUM ABWÄGEN

★ Was begeistert mich an diesem Platz, das woanders vielleicht nicht so ist? Worauf möchte ich in diesem Moment nicht verzichten? Was hält mich hier? Was würde ich woanders vermissen?

Die hübsche Lage, die Ruhe, der großzügige Platz um mich? Vielleicht einfach nur, dass ich inmitten oder abseits aller stehen kann? Die netten Nachbarn? Die tolle Ausstattung mit Sanitäranlagen, Restaurant? Oder vielleicht ganz profan nur die Waschmaschine?

★ Was würde ich mir wünschen? Was könnte am nächsten Platz besser sein als hier?

Möchte ich vielleicht einfach mehr oder weniger Ruhe? Brauche ich mehr Alleinsein – oder doch lieber mehr Anschluss? Benötige ich einen neuen Blick, wieder etwas Abwechslung, oder bleibe ich doch lieber noch bei meinem Gewohnten, das mir Sicherheit gibt?

★ Bin ich „fertig" mit diesem Platz? War ich lange genug hier, um schon alles ausgekostet zu haben?

Würde ich mich ärgern, wenn ich nicht noch mal im Wasser schwimmen war, nicht das Boot ausgeliehen oder nicht noch einen Abend mit den netten Menschen am Lagerfeuer gesessen hätte?

„Viele suchen in der Ferne die Heimat, die sie dort, wo sie wohnen, verloren haben. Doch letztlich sind sie auf der Reise nach sich selbst. In der Ferne suchen sie das, was eigentlich so nahe ist: das Geheimnis ihres eigenen Herzens, den inneren Raum, in dem sie wahrhaft zu Hause sein dürfen."

Anselm Grün

★ Was möchte ich erleben, wenn ich wieder unterwegs bin?

Bin ich bereit für stundenlanges Fahren? Habe ich wieder Spaß an den Straßen, am Kurbeln, Suchen und Ziellossein? Empfinde ich es als schlimm, wenn ich wieder ohne festen Ort bin – oder finde ich gerade dieses Gefühl sehr gut? Kann ich es aushalten, dass ich vielleicht keinen so tollen Platz finde? Fühle ich mich frei oder verloren?

★ Was suche ich wirklich? Wonach sehne ich mich?

Will ich lieber die Gemütlichkeit, ein quasi „heimatliches" Gefühl? Oder drängt es mich nach Entdeckungen, nach Neuem? Wie sehr benötige ich gerade die Geborgenheit, die mir nur ein schöner Platz geben kann? Oder möchte ich lieber die wilde Freiheit spüren, die mir nur das Unbekannte verschafft? Wie fühle ich mich gerade – und wie möchte ich mich fühlen? Bin ich bereit für den Frust, die Spannung, das Herzklopfen des Unterwegsseins? Oder bedarf es noch etwas mehr Selbstfürsorge mit Gewohntem, Bedächtigem?

Mut ist nicht die Abwesenheit von Angst,
sondern die Erkenntnis,
dass es etwas gibt,
das wichtiger ist als die Angst.
Ambroise Redmoon

5.
Mut
ist das Geheimnis von Freiheit

Griechenland, Peloponnes II | Seit Franz nach den Schotterpisten der Hochebene wieder auf Teer rollt, ist in jeder Kurve lautes Quietschen zu vernehmen, was nicht nur meine Musik scheußlich stört, sondern mich tatsächlich beunruhigt. Es hört sich nach den Reifen an, aber ich bin nicht sicher, ob nicht auch die Bremsen mitquietschen. Genauer kann ich es leider nicht bestimmen, da ich beim Kurvenfahren nur gerade so ein Ohr aus der Seitenscheibe halten kann, wenn die Hände auf dem Lenkrad bleiben sollen. Als ich beim Tanken über die D-Mark-Anzeige an der Zapfsäule grinse, lächelt der Tankwart zurück, und ich bitte ihn spontan um Hilfe: Er versteht nur Reifen, misst links, misst rechts und erklärt mir, dass beide Vorderreifen gleich befüllt und damit völlig okay sind. Wie hoch der Luftdruck sein sollte, weiß er offenbar ebensowenig wie ich – und es scheint nach seiner Logik auch egal zu sein. Na gut. Ich lache laut beim Weiterfahren und folge wieder der Küste.

Während ich Franz um die Kurven kurble, kreisen meine Gedanken nur noch um mögliche Gründe für das Quietschen (Bremsen? Schlechte Reifen? Radlager? Achse?), und ich wäge die Gefahren ab. Auch wenn ich innerlich versuche, mich zu beruhigen, lausche ich permanent nach außen, fahre langsamer als sonst und bremse möglichst mit der Motorbremse. Ich komme nicht wie sonst in den Fahr-Flow, weil ich krampfhaft überlege, was ich tun kann. Und gerade als ich meinen Kopf zermartere und mein begrenztes technisches Wissen abfrage, folgt der Schock!

Bergab, in einer besonders steilen und engen Haarnadelkurve, kommt mir – sehr schnell und viel zu nah – ein Sportwagen entgegen! Reflexartig trete ich hart auf die Bremse. Quietschend rutscht Franz einfach seitlich weg, nicht brems- und vor allem nicht steuerbar! Gefühlte Minuten bricht mein tonnenschweres Gefährt zur linken Seite aus ... Richtung Sportwagen ... Richtung Abgrund. Dank der beherzten Ausweichaktion des griechischen Sportwagenfahrers und sicherlich einer gesammelten Hundertschaft Schutzengel hauchen wir aneinander vorbei, und Franz kommt mit den Vorderrädern nur ein paar Handbreit vor der Felskante zum Stehen. Das war knapp, richtig knapp. Mit unglaublichem Herzrasen, aber unbeschadet, bleibe ich minutenlang so quer auf der Straße stehen, starre in die Weite ... und beginne schließlich sehr zaghaft wieder zu atmen.

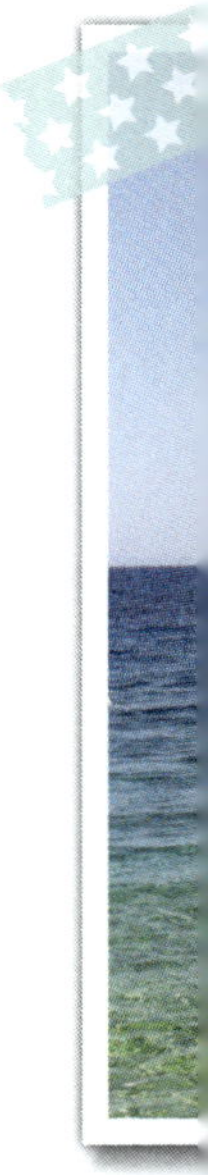

Im Schneckentempo fahre ich weiter, laut Stoßgebete murmelnd, und nehme ohne nachzudenken die erste Abzweigung Richtung Meer. Ich bin unendlich froh, wieder unten zu sein. Mit dem Kopf auf dem Lenkrad bleibe ich eine ganze Weile im Franz sitzen und versuche, mich zu beruhigen, mein Herzklopfen unter Kontrolle zu bekommen. Das war wirklich extrem knapp. Welch Geschenk, beschützt worden zu sein! Ich bin mir dessen sehr bewusst und zünde in Gedanken ein ganzes Feld Kerzen an.

Als ich den Kopf wieder heben und aus der Frontscheibe blicken kann, bietet sich mir eine wahre Postkartenidylle: eine malerische Taverne mit Tischen direkt am Wasser, blitzblankes, grüntürkisfarbenes Wasser, ein fast menschenleerer Kieselstrand, eine traumhafte Bucht. Ich bin sprachlos. Als ich den Tavernen-Chef beim Kaffee nach dem nächsten Campingplatz frage, bietet er mir freundlich an, auf seinem Parkplatz stehen zu bleiben. Ausgesprochen dankbar lächle ich ihn an, parke Franz auf den besten Platz und überlege dabei, ob ich mich mutig genug für die erste Übernachtung außerhalb eines Campingplatzes fühle: Ich bin hier wirklich alleine, denn in der Taverne selbst wohnt nach dem Zapfenstreich sicher niemand. Der Platz ist schon sehr abgelegen, sehr einsam – aber umso unwahrscheinlicher kommt hier zufällig jemand (Böser) vorbei, oder? Ich grüble eine ganze Weile, während ich mein Kajak aufbaue, aber die Aussicht, nicht weiterfahren zu müssen, sondern den ganzen Tag am bzw. auf dem Wasser zu verbringen, lockt mich ungeheuerlich. Ach was – es gibt keinen schöneren Ort als diesen! Und vor allem möchte ich mir die Freiheit des Freistehens nicht von (unnötigen) Sorgen verderben lassen. Face your fears! Ich bleibe!

Die Sonne geht unter, ich setze mich zum ersten Mal auf meiner Reise zum Essen in eine Taverne. In Gedanken noch beim Schreckmoment des rutschenden Franz' und voller Dankbarkeit über meine Schutzengel, nippe ich an meinem Wein, lausche den Gesprächen der Engländer am Nachbartisch, gucke dabei übers Meer und fühle mich durch und durch glücklich. Als die Bedienung endlich versteht, dass ich alleine bleibe, räumt sie, offenbar etwas verwirrt, das zweite Gedeck weg. Ich lächle sie an, um ihr zu bedeuten, dass ich mich wohlfühle, dass mir nichts und niemand fehlt. Aber ich bemerke, dass sie mit dem Tavernenbesitzer über mich spricht, woraufhin er ihr Franz zeigt. Ist es so ungewöhnlich, einem Alleinreisenden zu begegnen? Oder sind vielleicht nur allein reisende Frauen eine seltsame Erscheinung? Ich habe bisher noch kein einziges Mal darüber nachgedacht, wie ich wohl auf andere wirke. Sollte ich das? Ich überlege, was ich wohl ausstrahle ...

Über mein wohliges Aufs-Meer-Starren ist es spät geworden. Als die letzte Gruppe das Restaurant verlässt, gehe auch ich die paar Schritte rüber zum Franz. Eine ganze Weile stehe ich an mein Auto gelehnt in der Sommernacht und betrachte diesen Traumplatz: Stille, nur sanftes Wellenschwappen auf Kieseln. Die Taverne löscht gerade die Außenbeleuchtung, nur oben in den Häusern des Dorfes flackern noch ein paar Lichter; die Bucht liegt in tiefer Dunkelheit. Ich fühle mich richtig hier, an diesem Platz. Leise schließt der Barkeeper die Taverne zu und schlappt mit seinen Flip-Flops den Hang hinauf. Jetzt bin ich tatsächlich ganz alleine, alleine in meiner privaten Bucht. Schön. Das ist es, was ich gesucht habe! Ich fühle mich vollkommen frei und juble innerlich.

Irgendwann siegt die Müdigkeit über das Staunen, ich reiße mich los, klettere in mein Nest und schlafe augenblicklich ein. Ein lautes metallisches Geräusch lässt mich aufschrecken! Sofort sitze ich kerzengerade und versuche, keinen Ton zu verursachen. Sofort habe ich richtig Angst. Mein Herz klopft in dreifacher Schlagzahl, und ich gerate in Panik: Was, wenn jemand mein Alleinsein bemerkt hat? War das Geräusch ein Einbruchsversuch? Wonach genau hat es sich angehört? Was höre ich draußen? Ich sitze atemlos und versuche meiner Panik Herr zu werden, zu erlauschen, was genau außerhalb meiner schützenden Blechhülle vor sich geht. Ich höre ein leichtes Wischen über Blech – doch nur eine Katze? Aber das scharfe Kratzen eben konnte kein Tier verursacht haben! Ich traue mich nicht, den Vorhang zur Seite zu schieben, um nachzusehen. Sollte ich laut kreischend hinauslaufen, um den Überraschungseffekt auf meiner Seite zu haben? Wie einbruchssicher ist mein Auto? Auweia, ich komme hier nicht einmal schnell weg, denn ich habe mit der Front zum Meer geparkt statt andersherum ... und wo ist überhaupt der Zündschlüssel? Mir fällt nichts Besseres ein, als mich als nicht existent zu geben, und ärgere mich über mein lautes Herzklopfen, das verräterische, hektische Atmen und das quietschende Bett, das jede Bewegung kommentiert. Ich lausche

angestrengt, höre aber nichts mehr. Gar nichts. Selbst das Meer ist eingeschlafen. Ganz langsam lasse ich mich in die Waagerechte sinken, die Ohren auf Vollempfang gestellt. Natürlich schlummere ich irgendwann vor lauter Müdigkeit wieder ein, aber im gefühlten Minutentakt höre ich nach draußen. Und als die leise Ahnung von Sonne hinter der Windschutzscheibe glimmt, bin ich hellwach und freue mich wie verrückt. Endlich hell! Ich wage es wieder, mich zu bewegen und sogar die Gardine aufzuziehen: niemand da ... logisch. Welch scheußliche Nacht! Welch grässliche Erfahrung!

Was das Geräusch verursacht hat, weiß ich bis heute nicht. Vielleicht war es von einem vorbeifahrenden Auto? Aus dem Dorf? Vielleicht hat mir doch jemand einen Streich gespielt und extra am Auto entlanggeschabt? Vielleicht irgendein Geräusch in der Taverne? Ich habe keine Erklärung, es war aber das Bedrohlichste, was ich bislang gehört hatte.

Meine Panik und die Tatsache, dass meine Fantasie so verrückt gespielt hat – vielleicht lag alles nur daran, dass ich mir beim Abendessen so viele Gedanken um die Wirkung meines Alleinreisens gemacht habe? Und dass mir dabei erstmalig bewusst wurde, als Frau vielleicht ein höheres Opferpotenzial zu haben? Nein, auch heute schrecke ich manchmal wegen eines undefinierbaren Geräusches auf und versuche zu eruieren, was es war. Inzwischen bin ich aber (meist) schnell wieder beruhigt. Erstens kann ich viele Töne besser zuordnen, zweitens habe ich verschiedene Sicherheitsvorkehrungen getroffen, und drittens zeigt meine Erfahrung auf vielen Freistehplätzen, dass mir niemand etwas tun will.

Vorbei die Nacht des Schreckens. Die Sonne lacht freundlich, der Kaffee schmeckt. Ich paddle noch einmal aus der Bucht und ein Stück an der schroffen Küste entlang, um mich dann vom Wirt der Taverne zu verabschieden. „You are a strong woman!“, sagt er. Ich schiebe es im ersten Moment auf mein kraftvolles Paddeln gegen den heute ziemlich strammen Wind und grinse nur. Als ich im Franz sitze, frage ich mich allerdings, was genau er damit gemeint hat?

Ich cruise weiter und bin stolz auf mich; darauf, dass ich mich getraut habe zu bleiben. Und ich weiß: Ich werde es immer wieder tun. Denn das ist es, was ich suche:

„Mut ist nicht immer laut. Manchmal ist es eine leise Stimme am Ende des Tages, die sagt: ‚Morgen versuche ich es noch einmal!‘“
Mary Anne Radmacher

die Freiheit, überall sein zu können.

Im Gespräch

… MIT INGO, ALLEINREISENDER UND COACH

Ingo war immer schon gerne alleine unterwegs. Der erste Alleinurlaub führte ihn mit dem Rad nach Griechenland, dann immer wieder nach Asien, schließlich Jordanien oder auch – mit einem ganz alten Méhari-Jeep, der schon kurz nach der Abfahrt das erste Mal in die Werkstatt musste – Richtung Süden. Immer wieder alleine zu sein ist für ihn ein wichtiges „Social detox"-Programm.

Seit wann bist du nun eigentlich allein unterwegs?

Mit Ende zwanzig wollten wir zu fünft mit dem Fahrrad nach Griechenland fahren, dann sprangen alle nacheinander ab, sodass ich am Ende alleine losgefahren bin. Schon bei dieser ersten Solotour habe ich gemerkt: Das ist das Geilste, was es gibt. Einfach nur dieses Basale: aufstehen, radeln, essen, all-ein(s)-sein.
Es hat eine unglaubliche Intensität, wenn man immer nur für sich entscheidet: Ess ich? Ess ich nicht? Bleib ich stehen oder fahr ich weiter?

Verrückt, dass man erst dann merkt, wie viele Entscheidungen man im Leben nicht wirklich selbst trifft, sondern einfach geschehen lässt. Und wenn man dann mal alleine ist, merkt man, wie anstrengend das Entscheiden ist.

Es gibt halt keinen sozialen Bezugsrahmen, man kann noch nicht mal dagegen sein. Andererseits hast du dann auch niemanden, der dir vorwirft, dass es falsch war.

Ich bin überzeugt, dass man nie eine falsche Entscheidung trifft, denn man macht ja immer das, was man in diesem Moment für richtig hält.

Ja, Fehler gib es nur rückblickend. Keiner trifft wissentlich eine falsche Entscheidung. Ich habe für mich das Konzept: Nichts ist schlimm! Es gibt da ein griechisches Sprichwort: „Nicht die Tatsachen sind das Problem, sondern die Bedeutung, die wir den Tatsachen geben." Ich bin derjenige, der den Dingen, den Umständen die Bedeutung gibt. Ich kann entscheiden, wie ich die Umstände empfinde. Ist der Regen nervig,

lass ich mich stressen. Ist er einfach da, lebe ich damit.

Aber das hat etwas mit Erfahrung zu tun, oder?

Ja, auf jeden Fall. Bei meiner Tour damals mit dem Jeep war ich tagelang in Griechenland in einem Ort „gefangen", weil ich auf ein Ersatzteil warten musste. Gleichzeitig tobten nicht weit von mir beängstigende Waldbrände. In diesem Moment konnte ich mir gar nichts schönreden. Als ich aber Jahre später in Schottland wochenlang alleine durch unaufhörlichen Regen gefahren bin und von der spektakulären Landschaft wirklich fast nichts sehen konnte, war ich zunächst zwar auch genervt, konnte aber irgendwann aufhören, gegen den Regen anzukämpfen. Ich hatte einfach keine Lust mehr auf schlechte Laune und habe bewusst entschieden, den Umstand „Shitwetter" anzunehmen. Ich machte mir bewusst, dass es mir nicht um die tolle Landschaft geht, sondern um mich und die Reise zu mir selber. Der Moment wird zum guten Moment, wenn ich mich nicht vom Nervigen bestimmen lasse.

Ich glaube ja daran, dass alles, was passiert, richtig ist.

Ich würde es noch eine Stufe niedriger ansetzen. Es ist, wie es ist. Es ist weder richtig noch falsch – und es steht mir nicht zu, zu beurteilen. Aber ob es für mich gut sein soll, kann ich selbst entscheiden. Ich kann sieben Wochen schottischen Regen als das größte Unglück betrachten, weil es anders gekommen ist, als ich es mir gewünscht habe - oder ich versuche, es gut zu machen. Ich darf mir erlauben, dass ich es schrecklich finde, aber dann geht es um die Alternative.

Kannst du diese Regenreise also als gelungen bezeichnen?

Ich hatte in dieser trüben Stimmung viele intensive Momente, vielleicht mehr, als wenn ich, wie geplant, bei schönem Wetter vor allem beim Fischen gewesen wäre. Vielleicht hat es so sein müssen.

Du hast diese Reise dazu genutzt, in deine Ruhe, deine innere Wirklichkeit zu gehen, hast Gefühle zugelassen, gekämpft.

Dieser Roadtrip war ein Reload, da habe ich wirklich viel loslassen können. Jedes Alleinsein lädt mir meinen Speicher auf und trägt mich immer wieder durch meinen wirklich anstrengenden Alltag. Trotz toller Beziehung brauche ich immer wieder eine Zeit des Alleinseins, in der ich „sozial entgifte". Es geht mir darum, meinen eigenen Rhythmus zu finden – einfach selbstbestimmte Zeit.

Für Schotttland hattest du ja den Plan, wochenlang abseits zu sein: Hattest du vorab das Gefühl, dass es eine mutige Entscheidung ist?

Ja. Mutig gegenüber meiner Angst. Ich hatte tatsächlich Angst, was passiert, wenn ich keinerlei soziale Abwechslung habe. Wenn ich mir selber begegne. Aber schon nach ein paar Kilometern ist mein Mutgefühl in völlige Freude umgeschlagen.

Gab es auch mal klassische Mutproben, denen du dich gestellt hast?
Allein im Wald. Das war wirklich krass. Und dann wollte ich mal in Südtirol auf einem Berg unter freiem Himmel übernachten und dachte, ich wäre mutiger – aber ich habe es nicht geschafft.

Wovor hattest du Angst?
Es waren nur meine Fantasien. Aber die waren einfach zu stark in dem Moment. Ich bin dann abgestiegen und habe in der Nähe einer Hütte draußen übernachtet. Auch in Schottland habe ich mich erst langsam in die abgelegenen Gegenden getraut, musste mich quasi daran gewöhnen.

Als du zur Hütte abgestiegen bist, wie war das für dich? Gekränkte Eitelkeit, Ärger über den fehlenden Mut?
Na ja, richtig super fand ich es nicht. Aber für mich stellt sich immer die Frage: Was will ich mir beweisen? Und manchmal – wie in Südtirol – muss ich mir einfach nichts beweisen; da darf ich mir gestatten, den Ängsten nachzugeben. Was ich nicht will: mir von Angst meine Freiheit nehmen zu lassen. Ich kann mir sagen, dass es gerade okay ist, ängstlich zu sein. Beispielsweise mit dem Bus an einem äußerst abgelegenen Ort zu stehen. Aber dann entscheide ich, dass die Angst nicht die Führung übernehmen darf, und bleibe trotz meiner Fantasien dort stehen. Dieses Erlebnis lasse ich mir von meiner Angst nicht nehmen.

Ist das mutig – oder nur stur?
Es ist mutig, die Angst zu bezwingen für mehr Leben. Es ist stur, wenn man sich nicht traut, berechtigten Ängsten nachzugeben, weil man das als Schwäche einstuft, und lieber in der sogenannten „Panikzone" bleibt.

Was meinst du mit Panikzone?
Uns umgeben drei Lernzonen: Die Komfortzone ist für jeden eine andere, ist selbst definiert. Hier weißt du, was ungefähr passieren wird. In dieser Zone kennst du dich aus, fühlst dich wohl. Es herrscht angenehmer Stillstand.
In der Wachstumszone kommst du mit deinen Fähigkeiten in einer veränderten Umwelt gut zurecht. Du bist mit deiner Erfahrung in der Lage, hier zu überleben, und lernst stetig dazu, weil Neues passiert. Hier geht es um deine Entwicklung.
In der Panikzone schließlich ist deine Angst so groß, dass der Körper Adrenalin ausschüttet: Er will kämpfen, flüchten, sich tot stellen. Das Gehirn ist ausgeschaltet, du bist nicht mehr kompetent. In dieser „Lernzone" lernst du nichts, es geht nur um das Schaffen von Sicherheit.

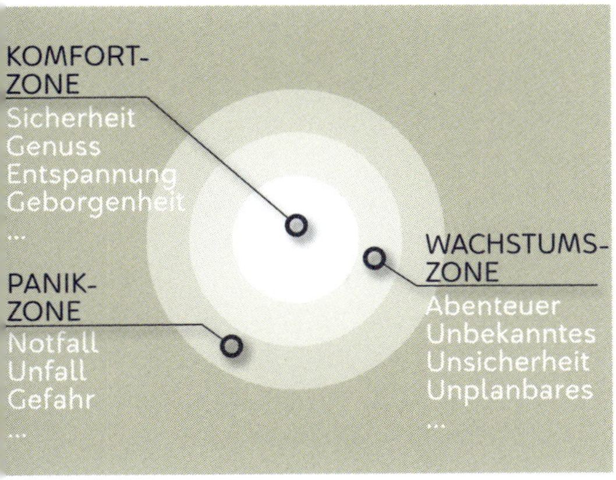

Lernzonenmodell von Werner Michl

Jeder darf selbst entscheiden, wo es ihm am besten geht – das ist reine Typsache. Es gibt keine klare Definition von mutig. Manche brauchen eine Grenzerfahrung, andere eben nicht. Auch Routine ist gut, beispielsweise wenn ich ohne Energieaufwand in einem gemütlichen Job Geld verdiene, um mehr Kraft zu haben.

Also ist es nicht unbedingt notwendig, die Komfortzone zu verlassen? Obwohl man sich darin nicht entwickelt?
Wenn man sich da sauwohl fühlt? Wozu? Entwicklung kann ja kein Selbstzweck sein. Übrigens geht man in die Wachstumszone, um die Komfortzone zu erweitern. Man stellt bzw. entwickelt sich und erweitert sie damit. Und dann ist das, was du vorher mutig fandest, für dich normal, ist Teil deiner Komfortzone.

Kann man also sagen, Mut hat in erster Linie etwas mit Wachstum zu tun?
Mut kommt von mutigem Handeln. Nur wenn ich mich immer wieder traue, über die Grenze meiner Komfortzone zu gehen, komme ich in Bewegung. Es ist einfach mutig, deinen Handlungsspielraum zu erweitern und möglicherweise Niederlagen einstecken zu müssen. Unter Therapeuten gibt es auch diesen sehr wichtigen Satz: „Der Sinn von Zielen ist nicht, sie zu erreichen, sondern in Bewegung zu kommen." Es ist nicht das Ziel, das du erreichen musst. Es reicht, dich wertzuschätzen, wenn du losgegangen bist.
Und wenn du wirklich neue, eigene Erfahrungen machen willst, macht es eben Sinn, genau diese Schritte im Alleinsein zu erleben; keine Kompromisse zu machen; nicht von außen bestätigt zu werden, sondern sich selbst von innen zu bestätigen. Selbstbestätigt zu sein heißt, mit einer intrinsischen Motivation zu starten, mit der es mir nicht um das Außen geht, sondern eben nur um mein Wachstum. Das ist mutig.

Lieber Ingo, hast du eigentlich einen Sinn des Lebens, der dich begleitet?
Ich würde sagen, mich immer wieder zu fragen: Nutze ich das Angebot des Lebens, um ...

... herauszufinden, wer ich selber bin?

Mehr über die Arbeit von Ingo Wölfl als Coach und Therapeut:
www.syscoach.de

Mein Tipp

SICHERHEIT IM WOHNMOBIL FÜR ALLEINREISENDE

SICHERHEITSVORKEHRUNGEN INNEN

Für einen ruhigen Schlaf

Ich schlafe an den von mir gewählten Plätzen eigentlich immer gut und habe nur selten ein eigenartiges Gefühl, wenn es dunkel wird. Dann allerdings reicht schon ein kleines, undefinierbares Geräusch, um mich gleich etwas unsicherer zu fühlen und schlaflos zu machen. Wie bin ich dann froh, wenn ich meine kleinen Sicherheitsvorkehrungen treffen kann, um Franz zur Festung zu machen – und mir meinen Schlaf zu retten. Deren Installation konnte ich ohne Probleme selber machen; der Aufwand war gering und kostengünstig und sorgt für ein rundum gutes Gefühl:

★ Riegel für die Hecktüren

Mein Riegel ist handgemacht und superstabil. Der schwarze Bolzen lässt sich zur Gänze herausziehen, sodass an der Türe beim Öffnen nichts baumelt oder im Weg ist.

★ Schiebetüre

Eine Öse am Draht von der Innenseite der B-Säule wird mit einem Haken an der Schiebetüre verbunden: So kann die Türe nicht einfach aufgezogen werden. Natürlich könnte man mit starkem Rütteln diese Kombi knacken, und ich gebe auch zu, dass dieses (mangels Zeit schwache) Häkchen mehr als „mädchenhaft" installiert und wahrlich kein großes Vorbild ist. Ein guter „Sturmhaken", der sich auch bei heftigem Rütteln nicht bewegen lässt, wäre wohl die bessere Lösung. Aber ehrlich gesagt: Mir reicht bereits das Wissen, sofort wach zu werden, wenn ich ein Rüttelgeräusch wahrnehme, und bei tatsächlicher Gefahr einfach auf den Fahrersitz springen und wegfahren zu können. Und: Für diese Konstruktion im nächsten Bus werde ich mir mehr Zeit nehmen.

★ **Türen im Fahrerhaus**

Ein sehr einfacher, aber wirksamer Schutz ist ein zwischen den Armlehnen verspanntes Seil oder ein Spanngurt. So können die Türen (auch bei geknackten Schlössern) nicht aufgerissen werden. Ich habe mich für ein auffallend leuchtendes (damit man es von außen schon sehen kann), reißfestes Seil aus dem Segelzubehör entschieden, weil ich den Karabiner schneller entfernen kann, als einen Spanngurt zu öffnen. Wichtig ist natürlich, dass dieses Seil sehr straff gespannt sein muss und sich nicht dehnen lässt, damit ein etwaiger Einbrecher die Türe auch keinen Spalt breit öffnen kann, um es durchzuschneiden.

★ **Sicherung der Wohnraumfenster**

Mit der Montage von Fensterschienen habe ich meinen Kasten in eine kleine Festung verwandelt. Die Installation ist simpel: Die Schiene wird einfach auf die Fensterkante aufgesteckt, es muss weder gebohrt noch etwas verklebt werden. Die Metallwinkel lassen sich nun von innen mit einer Rändelschraube am Rahmen verschrauben, sodass das Fenster fest verriegelt ist und nicht mehr aufgehebelt werden kann. Was mir dabei besonders gut gefällt: da das Fenster mit den Schienen auch in Lüftungsposition fest verriegelt ist, kann ich es in der Nacht mit gutem Gefühl einen Spalt geöffnet lassen.

Ich habe diese Fensterschienen (es gibt sie für alle Wohnmobil-Modelle) von: **www.womo-sicherheit.de**

★ **Einbruchschutz an den Fenstern**

Diese Sicherheitsvorkehrung ist zwar nicht so leicht durchzuführen, aber wirkungsvoll. Dazu benötigt man spezielle Schutzfolien für Fenster. Um die Scheiben widerstandsfähig gegen Bruch zu machen, kann man von innen diese Folie aufbringen (lassen). Für die Seitenscheiben der Fahrer- und Beifahrertür muss sie glasklar und amtlich zugelassen sein und durch einen Sachverständigen abgenommen werden. Im Wohnraum darf sie hingegen auch getönt sein. Die Folien halten bei einem Einbruchsversuch die Scherben zusammen und erschweren dadurch den Griff ins Fahrzeuginnere. Für mich und meinen sehr alten, für Diebe eher unattraktiven Kastenwagen wäre diese Maßnahme etwas übertrieben – grundsätzlich ist dieser Schutz aber eine sehr gute, leicht umzusetzende Maßnahme.

★ **Diebstahl erschweren: Dinge verstecken oder befestigen**

Ich bin davon überzeugt, dass es unzählige lohnenswertere Ziele gibt als meinen bescheidenen Van, in dem sich für alle sichtbar keine Wertsachen oder teuren Einrichtungsgegenstände befinden. Allerdings bin ich auch in Gegenden unterwegs, in denen schon ein kleiner Gewinn ein paar Minuten (Einbruchs-) Risiko rechtfertigen. Gegenden, in denen beispielsweise kleine Bargeldsummen, ein deutscher Pass oder deutsche Kfz-Papiere das größte Gut wären. Für Diebe interessant ist in Campingfahrzeugen stets auch jede Menge elektrisches Gerät, denn der Laptop, das Tablet, das Navi etc. werden in der Regel nicht mit zum Shopping oder an den Strand genommen.

Mein Bargeld habe ich in „kleine Portionen" aufgeteilt und an den unmöglichsten Stellen versteckt. Auch die Papiere bringe ich in verschiedenen, schwer zu entdeckenden Verstecken unter. (Übrigens habe ich immer Kopien von Reisepass und Kfz-Papieren dabei – zur Sicherheit.)

Eine sehr gute Lösung ist der Einbau eines Safes. Dieser kann einfach montiert werden, findet Platz in kleinen Ecken (unter dem Beifahrersitz, auf dem Schrankboden, in der Heckgarage ...) und bietet natürlich den wirkungsvollsten Schutz gegen Diebstahl von Geld und Papieren.

Den einzig wirklich wertvollen Gegenstand, meinen Laptop, verberge ich stets vor neugierigen Blicken und binde ihn zusätzlich mit einer Drahtschlinge samt Schloss an. Die meisten Laptops haben einen sogenannten „Kensington-Slot", in den man einen Stecker befestigt, der anschließend mit einem Kabel zum Beispiel um das Tischbein geschlungen wird.

SICHERHEITSVORKEHRUNGEN AUSSEN

Die Horrorvorstellung: Diebstahl des Vans oder Wohnmobils

Mein allergrößter Graus ist natürlich die Vorstellung, dass mein gesamtes Mobil gestohlen wird. Das führte dazu, dass ich mich tatsächlich oft nicht besonders weit von ihm entfernte, was meinen Besichtigungsradius und die Einkaufsdauer deutlich einschränkte. Also habe ich – zusätzlich zu den Sicherungen, die mich vor ungebetenen Gästen in der Nacht schützen – auch für mehr Schutz gegen Diebstahl meines Fahrzeugs gesorgt.

★ Riegel für die Schiebetüre

Ein schwenkbarer Riegel ist von außen angeschraubt, wird bei Bedarf umgelegt und per Schloss verriegelt. So lässt sich die Schiebetüre nicht mehr bewegen.

★ Lenkrad- oder Pedalschloss

Ein massives, gut sichtbares Lenkradschloss macht den Dieben schlechte Laune, weil es (zu viel) Zeit kostet. Auch ein Schloss für das Pedal ist möglich, allerdings sieht der Dieb es erst, wenn er die Türe bereits aufgebrochen hat (was an sich schon sehr ärgerlich ist).

Mit diesen Vorkehrungen fühle ich mich und meinen Van bestmöglich geschützt, auch wenn ich mal an ungemütlichen Plätzen schlafen oder Franz etwas länger aus den Augen lassen muss.

Der Kern des Glücks:
der sein zu wollen, der du bist.

Erasmus von Rotterdam

6.
Bewusstes *Sein*

Griechenland, Peloponnes III | Spät am Tag stolpere ich über einen wirklich hübschen Campingplatz am Meer. Ich erkunde ihn zu Fuß, und obwohl die Stellplätze streng parzelliert und nummeriert sind (was immer einen starken Fluchtreflex bei mir auslöst), finde ich einen perfekten Platz für mich: in erster Reihe auf Sand, direkt am Strand und mit ziemlich viel Freiraum drum herum. Hurra! Ein schöner Platz zum perfekten Zeitpunkt des Tages.

Beim Einparken spüre ich die neugierigen Blicke der Nachbarn. Ich winke lächelnd, aber knapp nach schräg gegenüber, bocke Franz in die Waagerechte, schließe den Strom an, richte mich ein, montiere gleich darauf mein Kajak ... und habe das Gefühl, dass die Nachbarfamilie mein Erscheinen als willkommene Sensation betrachtet. Gebannt wird jede meiner Bewegungen verfolgt, drei Augenpaare kleben zäh an mir. Zum ersten Mal werde ich auf meiner Reise beobachtet und gescannt – und fühle mich dabei enorm unwohl. „Das Gegenüber" sitzt starr auf ihren Campingstühlen, mit ungeniertem Blick zu mir: ein älteres Ehepaar und ein etwa 30-jähriger Sohn, allesamt im Partnerlook: Trainingshose, Muskelshirt, alle drei unrasiert. Offensichtlich ist ihnen so langweilig, dass sie nichts anderes zu tun haben, als mir, der neuen Nachbarin, beim Leben zuzusehen. Unangenehm! Ich verstecke mich hinter Franz in seinem Sonnen- und vor allem Blickschutz. Aber auch beim Paddeln, Schnorcheln und am Strand spüre ich, wie die Blicke der drei mich verfolgen. Jeder Schritt steht unter Beobachtung. Immer wieder prüfe ich, ob ich mir alles nur einbilde – doch immer wieder sehe ich in mindestens ein gelangweiltes Augenpaar, das nichts Besseres zu tun hat, als mich anzuglotzen. Warum nur? Unverhohlen bösartig starre ich bei Blickkontakt zurück, aber der Gaffer bleibt stumpf und unberührt von meiner Wut. Vielleicht genießt er seine Macht über mich? Die bekommt er nicht!

Ich beschließe, mir mein schönes Erste-Reihe-Plätzchen nicht verderben zu lassen, und verbringe auch den nächsten Tag genussvoll alleine im Meer, den Abend alleine in der Taverne und die beginnende Nacht alleine am Strand, wenn auch begleitet vom Beglotztwerden. Schon beim zweiten Frühstück bin ich mürbe. Ich habe keine Lust mehr, als Fernsehersatz zu dienen, mag diese einseitige Blickkontrolle nicht mehr aushalten, fühle mich ausgenutzt und unfrei. Leider habe ich aber auch gar keine Lust, diesen Strand, dieses sanfte Meer, die leckere Taverne, die tollen Duschen, meinen ach so wunderschönen Stellplatz aufzugeben. Ich will momentan nicht woanders sein und will auch nicht auf die Straße. Vielmehr bräuchte ich dringend noch etwas Stillstand, damit meine Seele nachkommt. Aber dieses unaufhörlich bedrängende Geglotze nervt mich wirklich extrem. Und mein Bauchgefühl schreit, dass dieses Unwohlsein deutlich mehr wiege als alle positiven Aspekte dieses tollen Platzes. Es schreit, dass Freiheit und Wohlgefühl wohl mehr wert seien als ein hübsches Plätzchen. Ich hadere, maule, bin schlecht gelaunt ... und nach der morgendlichen Paddelrunde verlasse ich äußerst missmutig den

Platz. Ich bin genervt und sehe Müll und Dreck am Straßenrand, scheußliche Ortschaften, langweilige Ebenen; das Meer verschwindet aus meinem Blick, weil die Straße zu weit im Landesinnern verläuft. Am Supermarkt werde ich das erste Mal angebettelt, mir ist zu heiß, es ist zu voll – ich mag hier nicht sein! Selbst meine Musik nervt. Ich überlege, ob ich nicht straight nach Patras fahren und die Fähre nach Hause nehmen soll. Fast vier Wochen bin ich jetzt unterwegs. Reicht das nicht? Wie blöd ist es, hier zu bleiben? Oder wie bescheuert, jetzt schon nach Hause zu fahren, wo ich doch mindestens noch eine Woche geplant hatte? Ich habe das Gefühl, alles gesehen, das Beste erlebt und alle „Gefahren" schon gemeistert zu haben. Und bin so genervt, dass ich die Musik ausschalte und stur die Straße entlangblicke. Ich will zum nächsten Campingplatz, um von dort am nächsten Morgen zur Fähre zu fahren. Mir egal, wo ... mir ist alles egal! Ich fahre jetzt heim! Genug gesehen, genug erlebt!

Am nächsten Platz parke ich wie üblich vor der Schranke, um zu Fuß den besten Stellplatz zu suchen. Strammen Schrittes stapfe ich über den riesigen Platz. Nicht schlecht hier: schattig, Strand, sauber, sogar mit Pool. Aber ein Zaun zum Strand, feste Duschzeiten, Reglementschilder in allen Sprachen ... Erstaunlicherweise kann sich mein Genervtsein hier noch verstärken, ich fühle mich beklemmt, eingeengt, unwohl und spüre deutlich: Hier zu bleiben würde mir nicht guttun – also schnell weg! Denn auch wenn ich nur einen Übernachtungsplatz suche, will ich mich frei fühlen. Ich spüre die Ablehnung gegenüber diesem Platz so deutlich in mir, dass ich trotz der schon greifbaren Erfüllung meiner Wünsche nach Ruhe, Wasser und Kühle weiterfahre, verfolgt vom ungläubigen Staunen der Rezeptionistin.

Inzwischen bin ich schweißgebadet, alles klebt an mir. Die Straße kommt mir unendlich vor, unendlich langweilig und ich unendlich langsam. Es ist das erste Mal, dass ich lieber schneller fahren würde, als Franz kann, um einfach nur irgendeinen Platz zu finden, an dem ich stehen bleiben kann. Doch auch den nächsten und übernächsten Campingplatz verlasse ich fluchtartig. Diese Art von Plätzen kann ich nicht aushalten – will sie nicht aushalten müssen. Sentimental denke ich an meine bisherigen Paradiese zurück, die ich offenbar viel zu leichtsinnig verlassen habe: meinen freien Tavernen-Stellplatz; und meinen Privatbucht-Campingplatz zu Beginn der Peloponnes-Umrundung. Soll ich zurückfahren? Ich träume mich kurz an den wunderbar-ruhigen, behüteten Platz, die netten Tavernenwirte, meine eigene kleine Bucht ... Möchte ich nicht lieber zu dem zurück, was ich schon kenne und lieben gelernt habe, statt hier in dieser viel zu tristen Gegend weiter zu forschen? Wäre das Bekannte, Bewährte (aber vielleicht auch Langweilige) nicht eine schöne, schnellere, bessere (weil sichere) Lösung? Muss

„Freiheit bedeutet nicht, tun und lassen zu können, was man will — sondern nicht tun zu müssen, was man nicht will!"

Jean-Jaques Rousseau

ich wirklich dieses unbekannt Langweilige durchkreuzen, um etwas Tolles, Schönes zu finden? Vielleicht zu finden? Oder möglicherweise auch nichts zu finden – und damit haltlos zu bleiben. Was ist mehr wert: der sichere (Heimat-)Hafen oder die (vielleicht noch tollere) Entdeckung? Ich grüble über der Grundsatzfrage: Was brauche ich mehr für ein gelungenes Leben: die gute Sicherheit oder die unsichere Spannung? Eine bewährt-schöne Lösung oder eine unbekannt-neue Entdeckung mit dem Risiko des Scheiterns? Ich fluche lauthals über meine Unmöglichkeit zur Entscheidung.

Inmitten des staubigen Nichts bleibe ich stehen, koche Kaffee und krame die Karte „Griechenland gesamt" heraus. Ich will abschätzen, wie lange ich wohl von West nach Ost, quer über den Peloponnes, brauche, um zurück zu meinem ersten Paradies bei Nafplio zu kommen. Weit, aber machbar …

In Franz' Schatten befrage ich meinen Bauch, mein Innerstes: „Face your fears" war doch der Plan, oder? Heute ist es keine Angst oder Panik, aber trotzdem ein ähnlich extrem ungutes Gefühl, dessen ich gewahr werde: Unsicherheit und Verlorenheit. Ich fühle mich alleingelassen, überfordert, hilflos. Aber in mir keimt nun auch ganz leise ein schöner Gedanke auf: Ich kann zwar niemanden befragen, es kann mir gerade niemand helfen. Aber: Ich bin völlig frei! Ich kann machen, was ich will! Keine Diskussion, kein Kompromiss. Allein mein Wille ist meine Lösung. Ich lache laut auf, als mich diese Gewissheit durchfährt.

Wieder also kann nur ich allein mir helfen. Wieder muss ich „einfach nur" handeln, und das heißt wohl für heute: Ich muss durch durch dieses Genervtsein. Und ja: Ich muss herausfinden, was ich will; muss mir selbst bewusst sein! Muss, nein DARF mir klar werden, wonach es mich im Innersten verlangt. Ich sitze auf dem staubigen Boden, die Kaffeetasse in der Hand, den Rücken an Franz gelehnt, die Augen geschlossen, und atme. Fühle den Gedanken an meinen kleinen Paradiesplatz zurückkehren, fühle die Idee des neuen „Abenteuers" aufkeimen. Atme. Werde mir selbst bewusst. Bin im Jetzt, bei mir. Und vertraue fest darauf, dass meine Entscheidung richtig sein wird!

Trotzig drehe ich die Anlage auf und lasse mich lautstark mit meinen Lieblingssongs beschallen. Ich freue mich über mich und grinse mir selbst im Rückspiegel zu! Wann habe ich mir das letzte Mal die Zeit genommen, in Ruhe in mein Herz zu

… SO I KISS GOODBYE
TO EVERY LITTLE OUNCE OF PAIN,
LIGHT A CIGARETTE
AND WISH THE WORLD AWAY.
I GOT OUT, I GOT OUT,
BUT I'M HERE TO STAY.
SO I HOLD TWO FINGERS UP
TO YESTERDAY,
LIGHT A CIGARETTE
AND WISH THE WORLD AWAY.
I GOT OUT, I GOT OUT,
BUT I'M HERE TO STAY …

"TWO FINGERS" VON JAKE BUGG

fühlen? Habe ich das jemals? Und bin ich dieser Empfindung dann auch ohne Kompromiss gefolgt? Dieser Moment beeindruckt mich tief: Meinem bewussten Selbst und meinem Herzen folgen zu dürfen, das ist Selbstbestimmung pur. Nicht nur das tun zu dürfen, was man gerade will, sondern das spüren zu können, was man gerade braucht. Musik laut!

Zwei weitere unangenehme Plätze lasse ich rasch hinter mir, bis es zu spät ist, um immer noch wählerisch zu sein. Traurig, dass mein Plan nicht aufgegangen ist, mit Sturheit und Abenteuerlust einen schönen Platz zu finden – die Sonne steht inzwischen zu tief –, beschließe ich, auf dem nächsten Campingplatz einfach ungesehen zu parken und morgen ganz früh weiterzufahren. Ich hadere damit, dass ich heute fast nur schlecht gelaunt durch die Gegend gekurvt bin. Trotzdem war dieser Tag nicht verschenkt, denn die letzte Erkenntnis meines Selbst-Bewusstseins sitzt tief in mir und beglückt mich sehr. Dem nächsten Campingplatzschild folge ich emotionslos und checke ohne Besichtigung ein. Der Platz ist riesig, die Camper stehen dicht gedrängt. Ich fahre einfach geradeaus, präge mir freie Lücken als mögliche Schlafplätze ein ... und finde, ich kann es nicht glauben, in erster Reihe direkt am Ufer einen Platz: links, rechts, hinter mir kein anderes Auto. Das kann nicht sein, wo ist der Haken? Ich parke ein, besehe mir den Platz genauer und juble innerlich! Perfekt! Perfekt! Perfekt!

„Alles, was die Seele durcheinander schüttelt, ist Glück.“

Arthur Schnitzler

Die Füße im weich-warmen Sand, sitze ich mit einem Glas Wein vor Franz und lasse meinen Blick auf dem sanften Meer ruhen. Ich fühle quasi Glücksessenz, denn wieder hat sich meine „Face your fears“-Strategie bewährt. Ich habe mich durch ein genervtes Tief gebissen, habe mich getraut, mich dem Verlorensein und Risiko zu stellen, habe mir selbst vertraut – und werde belohnt vom perfektesten Platz der Tour! Das Sichere habe ich eingetauscht gegen das Perfekte, und nur weil ICH das wollte. Lange sitze ich regungslos. Ich blicke in den dunkler werdenden Horizont und lasse mich und meinen Kopf zur Ruhe kommen. Wie unendlich gut!

Im Gespräch

… MIT VIKI, ALLEINREISENDE UND BLOGGERIN „VANILLA ICEDREAM"

Innerhalb weniger Monate hat Viki ihren guten Job als Architektin gekündigt, einen VW Bus ausgebaut und ist einfach auf unbestimmte Zeit aufgebrochen. Fast zwei Jahre lang hat sie alleine im Van gelebt und gearbeitet und ist immer der Nase nach gereist. Ihre Herzensgegend hat sie in den Fjorden Norwegens gefunden und sich dann – immer der Sonne nach – in den Süden treiben lassen.

Wie hast du den Mut zum Alleinreisen aufgebracht, Viki? Du erzählst, dass du eigentlich ein ziemlicher Schisser bist: nachts im Zimmer warten die Monsterchen auf dich und so was …
Ich habe einfach nicht darüber nachgedacht, ob ich mutig bin oder nicht. Mir war wichtig, dass ich reisen wollte, alleine unterwegs sein wollte, raus aus meinem (zu) schnellen Arbeitsleben und die Welt entdecken. Und ich wollte mit Cleo, meinem Hund, reisen – was als Backpacker einfach unmöglich ist. Selbst der Jakobsweg ist kompliziert, weil die Hunde nicht in die Unterkünfte dürfen. Viele Dinge fallen mit Hund einfach aus – aber mit Auto geht es. Und ich habe auch nicht darüber nachgedacht, ob ich Angst davor habe. Mir war einfach klar, dass ich das will. Deswegen bin ich los. Das ist das Wichtige: etwas zu machen, weil man es will, und nicht, es nicht zu tun, weil man Angst hat.

Du bist auch sehr viel abseits üblicher Routen unterwegs. Wo fühlst du dich denn in deinem Van beim Übernachten am wohlsten?
Ich parke häufig ganz weit ab vom Schuss, am besten völlig außer Sichtweite. Denn auch wenn da nur ein einsames Häuschen steht: Vielleicht hat dieser Mensch den ganzen Tag nichts anderes zu tun, als mir zuzugucken und dabei zu bemerken, dass ich ganz alleine bin. Also übernachte ich entweder in der Nähe von anderen Campern oder unsichtbar für alle anderen.

Doch manchmal gibt es wahrscheinlich auch Orte, an denen du Schiss hast, beispielsweise in der Nacht, wenn es für dich unheimlich wird?

Wenn ich ein schlechtes Bauchgefühl habe, dann gehe ich immer weg von diesem Platz ... immer! Auch mitten in der Nacht! Selbst wenn der Platz nett aussieht. Wenn ich mich blöd fühle: weg!

Aber wenn ich im Dunklen irgendwo hinkomme – und im Dunklen sieht immer alles gruselig aus –, dann sag ich mir nur: Es wird schon schiefgehen! Die Erfahrung hat mich einfach gelehrt, dass die Wahrscheinlichkeit, dass irgendwer zu dieser Zeit an diesem Ort ist, der genau auf mich gewartet hat und mir Böses will, gegen null geht. Und ich habe noch nie gehört, dass in Europa jemand auf diese Weise überfallen wurde. Dafür schon ganz oft, dass da, wo Menschen sind, etwas passiert: am Bahnhof, nach der Party ... Das sind die Orte, wo die Leute Probleme bekommen, nicht irgendwo abseits im Wald.

Hast du dir Sicherheitsvorkehrungen eingebaut, die dich schützen, wenn du im Auto liegst?

Ich habe zwar ein Pfefferspray, aber das sollte man ja innen nicht verwenden. Also benutze ich gar nichts.

Ich glaube auch, dass das vielleicht der beste Trick ist: Wenn man cool abseits steht, vermittelt man einfach den Eindruck, keine Angst zu haben, kein Opfer zu sein – das schreckt vermutlich schon genug ab.

Ja, das glaube ich auch. Dieses große, selbstbewusste Erscheinen ist sehr wichtig! Ich mache das auch, wenn ich zum Beispiel von einer Party komme: Da mache ich mich richtig groß, obwohl ich eigentlich nur ein kleiner Pups bin. Ich marschiere superlaut, knalle so richtig mit den Füßen, komme daher wie ein Handwerker ...

Hattest du auf deinen Reisen schon unangenehme Situationen, in denen du dich schützen musstest?

Nein, so richtig Schlimmes nicht. Aber in Spanien am Strand lag ich mal im Bikini im Auto, Hecktüren offen, und habe gearbeitet. Da lief ein Typ (mit seinem Kind auf den Schultern!) vorbei, kam zurück und filmte mich. Ich habe ihn direkt angebrüllt, und ihm war es sofort unangenehm. Ich hab' ihn ziemlich beschimpft! Das Erlebnis war sicher doof und unschön, aber nicht wirklich schlimm. Das nächste Mal würde ich aber noch sehr viel aggressiver reagieren, weil es mich so geärgert hat.

Hast du dich denn nach dieser Situation irgendwie geändert, anders angezogen oder so?

Nein. Ich war ja am Strand, war also strandtypisch gekleidet. Solche Typen machen sicher von allen Frauen am Strand Fotos. Aber ich achte sehr darauf, mich landes- und kulturgerecht zu kleiden – das ist eine Frage des Respekts. Ich habe wenig

Verständnis für Frauen, die sich in bestimmten Regionen unpassend kleiden und dann über die Reaktionen beschweren. Wenn man alleine reist, unsicher ist und Wert legt auf Selbstschutz, ist eine angemessene Kleidung wichtig. Ich sage nicht, dass kurze Röcke ein Freifahrtschein sind, aber wir können solche Männer nicht ändern, schon gar nicht in kurzen Röcken.

Fühlst du dich eigentlich überall sicher? Du bist ja kürzlich mit deinem Freund durch Zentralasien gefahren. Würdest du dir das auch alleine im Van zutrauen?

Ja, auf jeden Fall. Allein zu reisen macht mich nicht unbedingt unsicherer, überall kann dir irgendetwas passieren. Natürlich ist es schöner, wenn man einen Mann dabei hat, der auf einen aufpasst, aber dann hat eben der Mann den ganzen Druck. Männer haben dann viel mehr Angst, als wenn sie alleine wären, weil sie glauben, die ganze Verantwortung zu tragen. Allerdings ist fragwürdig, wie viel ein Mann bei einem Überfall ausrichten könnte.

Nach fast zwei Jahren alleine im Van warst du dann permanent zu zweit unterwegs. Hattest du da nicht den Gedanken, ab und zu wieder ein wenig allein sein zu wollen?

Ja, hatte ich schon. Ich finde das Alleinreisen besonders augenöffnend! Wie eine Therapie. Ich habe meinem Freund gesagt, dass ich zwischendrin auch mal wieder allein unterwegs sein möchte und dass er auch mal lernen sollte, mit sich alleine zurechtzukommen. Viel mehr als die Alleinreisenden bewundere ich eigentlich diejenigen, die in ihrer Beziehung immer mal wieder das Alleinsein zelebrieren. Die nicht mehr auf diesen Genuss verzichten möchten und es einfach tun.

Insgesamt drei Jahre am Stück (fast zwei davon allein) lebtest du in deinem kleinen Bus. Frisch in Deutschland zurück, bist du gerade dabei, hier wieder anzukommen. Obwohl du einen festen Job hast, willst du nicht in eine Wohnung ziehen, sondern dir in einem größeren, wieder selbst ausgebauten Camper dein Zuhause einrichten. Hast du gar keinen Anker, zu dem du zurückkommen möchtest?

Nein, aber das ist auch okay so. Ich bin ja in Kasachstan geboren und in meinem Leben schon sehr oft umgezogen, war immer irgendwie fremd und habe mich nirgends je zu Hause gefühlt. Das Gefühl, kein wirkliches Zuhause zu haben, war vielleicht sogar der Grund, so lange unterwegs zu sein … Auf der Reise mit meinem Freund nach Tadschikistan sind wir auch durch Russland gekommen; ich habe all meine Verwandten besucht und bin dann zu meinem Geburtsort gefahren. Nicht mit dem Gedanken, dass Kasachstan vielleicht doch mein Zuhause ist. Vielmehr habe ich in dieser Zeit etwas gelernt: dass Zuhause überall dort ist, wo ich die Leute, die ich liebe, lieben kann. Und aus dem Gefühl „Ich bin nirgendwo zu Hause" ist das Gefühl „Ich bin überall zu Hause" geworden. Das war eine wahnsinnig schöne Erkenntnis und hat eine riesige Wunde in mir geheilt.

Ich freue mich immer sehr darauf, meine Herzbegegnungen, die ich unterwegs treffe, nach ihrem Sinn des Lebens zu fragen. Was würdest du auf diese Frage antworten?
Dem Herzen folgen. Und natürlich: nie aufhören zu lernen! Und: lernen, glücklich zu sein. Ich hatte die wunderbare Erkenntnis, dass mein Glück nicht außen liegt, sondern innen. Ich kann es also überall finden, nicht nur auf Reisen. Zum Sinn des Lebens gehört für mich auch, dass man etwas bewegt. Wobei es gar nicht sein muss, dass man im Außen etwas bewegt – es reicht, dass man so klar ist, um anderen Menschen vielleicht als Vorbild zu dienen ... und sie so bewegt. Aber seinem Herzen zu folgen ist der allergrößte Sinn, finde ich. Das sollte man auch immer wieder überprüfen.

Hast du ein Ritual, eine Strategie, dich zu fragen, ob du wirklich nach deinem Herzen lebst?
Ich habe durch ein Buch – „Die Seele will frei sein" von Michael A. Singer – gelernt, wie man meditiert. Und wenn ich an meinem eigenen Ort, also in mir bin, kann ich mir Fragen stellen, die in einer fast unheimlichen Lautstärke von meinem Inneren beantwortet werden. Das hat mich total umgehauen; das kann ich nur empfehlen. Und dann habe ich auch noch einen Trick, wenn ich vor einer Entscheidung stehe, was ich wirklich tun möchte: Ich stelle mir vor, wie ich entscheiden würde, wenn ich wüsste, dass mein Leben nur noch ein Jahr dauert. Dabei kommen auch immer ganz klare Antworten auf die Frage nach meinem Sinn des Lebens!

Dem Herzen folgen.

Mehr zu Viki „Vanilla" (alias Viktoria Schmidt) und ihrer Reise findest du auf dem Blog:
www.vanillaicedream.com

Mein Tipp

ZUR WAHL DES ENTSPANNTESTEN FREISTEHPLATZES

In unzähligen Nächten habe ich viel für meinen Wunsch zum Freistehen gelernt! Am liebsten übernachte ich in totaler Ruhe, abgeschieden im Nichts. Manchmal aber parke ich auch direkt im Trubel: am Hafen, beim Markt, auf dem Stadtparkplatz, neben dem Fähranleger, der Partymeile ... Bevor ich mich niederlasse, hake ich jedoch folgende Punkte ab, die für mein Wohlgefühl wichtig sind:

BEGINNE FRÜHZEITIG MIT DER SUCHE

★ Das Wichtigste ist das Ankommen bei Tageslicht; nur dann kann ich überprüfen, ob ich mich hier (auch später im Dunklen) wohl- und geborgen fühle.

★ Und auch nur mit genügend Zeit kann ich mich am gewählten Platz richtig „einleben".

ÜBERPRÜFE DEINE NÄCHSTE UMGEBUNG

★ Könnte hier nachts viel Lärm entstehen, zum Beispiel durch anlegende Schiffe, landwirtschaftlichen Verkehr, einen Markt, der früh aufgebaut wird?

★ Stehe ich hier im Weg, beispielsweise für Fischer, die an diesem Strand auslaufen wollen, oder für den frühmorgendlichen Lieferverkehr?

★ Stehe ich weit genug vom (unberechenbaren!) Meeresspiegel entfernt? Könnte der Fluss übertreten?

★ Machen mich die dichten Büsche rundherum und die fehlende Weitsicht nervös? Oder fühle ich mich zu sehr „auf dem Präsentierteller", weil Sichtschutz fehlt?

★ Könnten Anwohner genervt sein, weil ich den einzigen Parkplatz wegnehme?

★ Ist der Platz verboten und könnte die Polizei möglicherweise deswegen anklopfen? Wie sehr stresst mich dieser Gedanke? Zur Beruhigung hierzu: Ja, die Polizei hat schon bei mir angeklopft, aber erstens meist nicht allzu spät, also nicht tief in der Nacht, und zweitens reicht es auch, erst mal durch das Fenster zu gucken, wer da klopft (auch wenn der Schreck supergroß ist!). Danach kann

man entsprechend reagieren: entweder freundlich durch das leicht geöffnete Fenster mit ihnen sprechen oder eben direkt wegfahren ... Schön ist es wahrlich nicht, aber sehr, sehr selten!

CHECKE EVENTUELLE NACHBARN

★ Um niemanden zu stören, parke ich stets weit genug vom nächsten Camper entfernt, denn „Kuschler" nerven mich selbst unglaublich!

★ Sind Nachbarn in Sichtweite (die ich manchmal sogar suche, um mich besser zu fühlen!), gibt es mir ein gutes Gefühl, wenn sie mich wahrnehmen. Also mache ich auf mich aufmerksam (oft nur mit freundlichem Blick und kurzem Gruß) und weiß, dass sie auf mich achten werden.

★ Gleichzeitig versuche ich einzuschätzen, ob sie später möglicherweise auf Party-Lautstärke aufdrehen könnten. Oder ob sie direkt zu mir kommen könnten, um den Abend lang unterhalten zu werden. Ist es eine streitende Familie, eine dauerkreischende Mädchengang, eine grölende Männerrunde (Auweia, welche Vorurteile von meiner Seite ... aber auch Erfahrungswerte, leider!)

DENKE AN MÖGLICHE STÖRENFRIEDE

★ Ich möchte anderen keine Gelegenheit bieten zu erkennen, dass ich die Nacht alleine im Auto verbringe. Wenn der beste Stellplatz beispielsweise nahe einer belebten Beachbar liegt, verbringe ich den Sonnenuntergang nicht alleine direkt neben meinem Bus, sondern parke mein Auto erst kurz vor dem Schlafengehen um. Damit bringe ich mich (und mein Alleinsein) nicht in Zusammenhang mit diesem Schlafplatz.

★ Bin ich in den Fokus übermütiger Jugendlicher, betrunkener Barbesucher, einsamer Herzen geraten? Gesprächen mit seltsamer Anzüglichkeit gehe ich natürlich aus dem Weg, im Zweifel fahre ich (auch spätnachts) lieber weiter.

HAST DU ALLES FÜR DEINE SICHERHEIT GETAN?

★ Mein Zündschlüssel hängt stets (!) an derselben Stelle ... griffbereit.

★ Inzwischen parke ich immer in „Fluchtrichtung", damit ich im Fall des Falles nur eben vom Bett auf den Fahrersitz springen und diesen Platz verlassen kann.

★ Auf Freistehplätzen lasse ich niemals etwas über Nacht draußen! Erstens will ich nicht als Camper wahrgenommen werden, sondern nur als „Übernachtungsgast", zweitens stört das vielleicht irgendjemanden, und drittens will ich bei Bedarf ohne Zeitverlust wegfahren können.

★ Für die seltenen mir etwas unheimlicheren Orte habe ich zusätzliche Sicherheitsvorkehrungen in den Bus eingebaut.

Näheres dazu findest du ab Seite 92 oder auf meinem Blog:
www.cool-camping-wohnmobil.de/sicherheit-im-wohnmobil-oder-van/

UND DAS WICHTIGSTE: HÖRE AUF DEIN BAUCHGEFÜHL

Wie wohl fühlst du dich hier? Zu einsam? Oder nicht abgelegen genug? Zu laut? Oder zu still? Möchtest du hier im Dunkeln sein? Denke in Ruhe nach. Und wenn es nur einen einzigen Einwand gibt, fahr weiter! Es ist besser, bei Tageslicht weiterzusuchen, als die unheimliche Dunkelheit schlaflos überstehen zu müssen.

EINEN GUTEN ÜBERNACHTUNGSPLATZ FINDEN

Es ist Nachmittag. Du fängst an, müde zu werden, und möchtest nur noch parken, ein Bier trinken und dich ausruhen. Aber wie findet man rasch einen guten Platz möglichst in der Nähe? Mit verschiedenen Apps, Webseiten oder Büchern geht das völlig unkompliziert. Im Folgenden findest du eine Auswahl – es sind meine „Lieblingshelfer":

PARK4NIGHT (APP)

★ **Die Kosten**

Es gibt eine kostenlose Version, die ich jahrelang gerne verwendet habe. Inzwischen leiste ich mir aber aus guten Gründen die Pro Version für 1,99 Euro pro Monat (das Jahresabo kostet 9,99 Euro).

★ **Die Plätze**

Park4night zeigt dir in deinem aktuellen Radius überall auf der Welt erstaunlich viele Plätze (insgesamt über 130.000, um genau zu sein). Wähl- und sortierbar sind unter anderem folgende Faktoren: Wohnmobil-Parkplatz (kostenlos oder kostenpflichtig, mit oder ohne Service) – Empfang unter Privatpersonen – Campingplatz – ein Platz auf dem Bauernhof – ein Platz, umgeben von Natur – Offroad-Plätze ...

Alle aufgelisteten Plätze wurden von anderen Campern erstellt und mit Fotos und Text meist ausführlich kommentiert, sodass du ziemlich genau erfährst, was dich erwartet. Mithilfe der GPS-Daten und der Adresse findest du ganz leicht zum Platz. Die Pro-Version ermöglicht nicht nur die Planung entlang der Strecke, sondern auch die Offline-Nutzung der Karten (was in Funklöchern sehr praktisch ist!).

LANDVERGNÜGEN (BUCH)

★ **Die Kosten**

Über die Webseite **www.landvergnuegen.com** kannst du für 34,90 Euro diesen Stellplatzführer bestellen. Das Buch beinhaltet einen Mitgliedsausweis sowie eine Plakette, die dich ein Jahr lang dazu berechtigt, die teilnehmenden Betriebe zu besuchen.

★ **Die Plätze**

Bei mehr als 800 Gastgeberinnen und Gastgebern innerhalb Deutschlands, darunter beispielsweise Bauernhöfe, Brauereien, Imkereien, Käsereien oder Weingüter, kannst du für 24 Stunden kostenlos parken und dich ganz wie zu Hause fühlen.

CAMPING.INFO (APP, WEBSEITE, BÜCHER)

★ **Die Kosten**

Die Suche von Campingplätzen über die Webseite www.camping.info sowie die Nutzung der App sind kostenlos. Außerdem kannst du verschiedene Campingplatzführer in Buchform kaufen. Sie kosten 12,90 bzw. 14,90 Euro (Deutschland, Alpen, Italien, Kroatien).

★ **Die Plätze**

Diese Plattform ist mit über 23.000 Campingplätzen aus 44 europäischen Ländern der meistbesuchte Online-Campingführer im deutschsprachigen Raum. Seine Besonderheit: Mehr als 140.000 User helfen dabei, die Campingplätze regelmäßig zu bewerten. Ich mag diese Plattform auch deshalb so sehr, weil hier sogar Länder bis weit in den Osten gelistet sind, zu denen ich mich besonders hingezogen fühle: Montenegro, Rumänien, Russland, Ukraine, es gibt sogar Plätze bis in die Gegend rund um das Schwarze Meer ... selbst für meine ausgefallene Reisezielauswahl ist also immer etwas dabei.

ZELTZUHAUSE.DE (WEBSEITE)

★ **Die Kosten**

Die Suche über die Webseite www.zeltzuhause.de ist kostenfrei.

★ **Die Plätze**

Dieses (noch) kleine Portal ist brandneu und begeistert mich mit der Idee, ein Camping-AirBnB zu werden, das Plätze bei Privatleuten aufzeigt. Die beiden Gründerinnen vermitteln auf deutschen Privatgrundstücken schöne, indivduelle Plätze für Zeltreisende und kleine Camper. Noch ist das Angebot zwar klein, aber alle Plätze sehen sehr sympathisch aus!

IOVERLANDER (APP)

★ **Die Kosten**

Die App ist ein kostenloses Community-Projekt.

★ **Die Plätze**

Das Camping- und Übernachtungsverzeichnis ist für all jene gedacht, die mit ihrem Fahrzeug auf der ganzen Welt unterwegs sind. Die App zeigt die genauen GPS-Daten von Campingplätzen, Campsites, Wild-Camp-Spots und Stellplätzen. Zu jedem Platz werden Informationen wie Stromanschluss, Wasser, Duschen, WC, WLAN, Restaurant und Größe der Fahrzeuge benannt, teilweise sind auch Fotos beigefügt. Ich mag die App vor allem deshalb sehr, weil diese Datenbank ein gemeinnütziges Projekt ist und von seiner Community lebt.

Nicht die Glücklichen sind dankbar –
es sind die Dankbaren, die glücklich sind.

Francis Bacon

7.
Hilfe annehmen
(dürfen)

Baltikum | Ganz spontan darf ich im Oktober wieder raus von zu Haus. Ich werfe das Nötigste in mein Auto und fahre einfach los, ohne Vorbereitung, ohne Plan: Ich will das dreiwöchige Zeitfenster, das sich mir völlig unerwartet geöffnet hat, nutzen und das Baltikum entdecken. Ich will endlich mal in den Norden, das erste Mal.

Mein alter Franz ist allerdings in einem sehr schlecht Zustand, ich kann mir seine Aussetzer aber einfach nicht erklären. Von Beginn an hatte ich Probleme beim Anlassen, doch niemand konnte mir sagen, woran es lag (obwohl ich wirklich viele um Rat gefragt hatte). Also gewöhnte ich mich einfach daran, immer wieder um Starthilfe zu bitten – Franz war nicht mein erstes Auto, dem ich Starterkabel anlegen musste. Bei der gefühlt millionsten Starthilfe meines Lebens aber – völlig unkonzentriert, weil ratschend mit den Starthilfegebern und gleichzeitig mit den Kindern das Packen von Franz regelnd – verpolte ich mich allerdings und setzte damit die Lichtmaschine in Qualm. Geschieht mir recht für unkonzentriertes Arbeiten! Ärgerte mich trotzdem grandios! Mit dem Einbau einer neuen Lichtmaschine und Batterie verzögerte sich der Urlaub mit den Kindern um zwei Tage, und unterwegs hatten wir weiterhin Elektrikprobleme: Anlassen meist mit Starthilfe, Licht im Innenraum nur mit Landstrom.

Na ja, so ist das eben mit alten Autos. Franz ist außerdem noch der Selbstausbau eines garantierten Nicht-Elektrik-Fachmanns. Ich übe mich (wie bei so vielen meiner bisherigen Fahrzeuge) in Demut gegenüber der Überlegenheit (für mich) undurchschaubarer Technikmysterien ...

Frohgemut mache ich mich nun also auf, den Norden zu entdecken! Beim ersten Kaffee auf der Autobahnraststätte buche ich die Fähre von Deutschland nach Litauen. Ich kann nicht einschätzen, wie leicht man vor Ort ein Ticket bekommt, und möchte wegen meiner Zeitknappheit zügig übersetzen. Also reserviere ich den nächstmöglichen Termin und rolle weiter ... in die Nachsaison! Die Campingplätze haben seit Ende September geschlossen – das war mir gar nicht klar, als ich losfuhr. Erst am dritten Platz öffnet mir eine freundliche Dame das Tor. Ich freue mich, denn ich will heute Abend unbedingt noch arbeiten und brauche dafür, leider, Landstrom. Ich verfluche diese Abhängigkeit.

Kalt ist es am Morgen, fünf lausige Grad im Franz. Dank doppelter Bettdeckenschichtung kein Problem, zum Aufstehen allerdings sportlich. Franz hat keine Standheizung bzw. ehrlicher gesagt: Auch sie ist kaputt. Egal, ich heize einfach mit der offenen Gasflamme (jaja, ich weiß ...), und schon als die Kanne Tee kocht, zeigt das Thermometer „kuschelige" zehn Grad an. Ich bin früh schon unterwegs, der Nebel steht noch dicht über dem Boden, aber die Fähre in Kiel wartet. Ich freue mich sehr über die Landschaft, über dieses platte, (für bayerische Augen) sehr dünn besiedelte, freie, offene Land. Wir

Im Auftrag des ADAC

schnurren mit 100 Sachen entspannt dahin, die Musik läuft, der Autobahnkaffee dampft im Becher, da beginnt mein Kasten unangenehm zu humpeln. Ach, Franz!

Runter vom Gas, rauf auf den nächsten Rastplatz. Eigentlich kann es ja nur irgendwas an den Rädern sein, denke ich, trete an die Reifen und spüre tatsächlich, dass sich das rechte Hinterrad ungesund auf der Achse bewegen lässt. Auch der zufällig vorbeilaufende litauische Lkw-Fahrer rät in perfektem Englisch von der Weiterfahrt ab, tippt aufs Radlager und beglückwünscht mich zur ADAC-Mitgliedschaft. Ich mich auch.

Drei Stunden später stehen Franz und ich vor einer Renault-Werkstatt im Nirgendwo. Der sehr freundliche Meister bemitleidet mich für meinen „Schrotthaufen" (O-Ton), erinnert schulterzuckend an den morgigen Feiertag, bestellt das Ersatzteil, verspricht den Mechaniker für Montag früh und hat nichts dagegen, als ich ihn frage, ob ich bis dahin auf dem Nachbarfeld campieren dürfte. Ich lasse mein Laptop in der Werkstattküche laden und stelle mich auf das hübsche Maisfeld. Aber bei genauerem Nachdenken fällt mir auf, dass der einmalig geladene Laptop niemals von Samstag bis Montag früh reichen wird, was mittlere Panik hervorruft. Also recherchiere ich doch den nächstgelegenen Campingplatz und darf dann als einziger Gast in einer riesigen Geisterstadt von Wohnwagenburgen parken. Landstrom, herrlich ruhig, allein und direkt am See: ein Traumplatz! Glück gehabt.

„Ich bin Müßiggänger und lade meine Seele zu Gaste. Ich lehne mich an oder schweife umher nach meinem Behagen und betrachte einen Halm des Sommergrases."

Walt Whitman

Zwei Tage Stillstand, weil Feier- und Sonntag. Das tolle Wetter und der wohlige Platz machen es mir leicht, die beiden Tage zu stehen, auch wenn ich meine knappe Zeit etwas panisch schwinden sehe. Die gebuchte Fähre konnte ich unkompliziert verschieben und verbringe die beiden Tage nun mit viel Arbeit, Spazierengehen, dem Sammeln von Feuerholz, am See sitzen und einfach die Ruhe genießen. Langweilig wird es mir tatsächlich nie, und genießen kann ich überall.

Aber obwohl ich am Campingplatzstrom angesteckt bin, leuchtet das Warnsignal der Innenraumbatterie. Jetzt nehme ich mir endlich doch die Zeit, um über den Grund für die Entladung bzw. Nichtaufladung genauer nachzudenken. Mit dem wenigen Werkzeug, das ich an Bord habe, baue ich den halben Franz auseinander, klemme die Bordbatterie ab, verfolge die Kabelführung, checke Sicherungen und baue das Elektronik-Steuergerät aus. Lösbar ist die Elektrikfrage für mich leider nicht, deshalb trinke ich erst mal einen Kaffee (vom Gasherd). Ab jetzt habe ich weder Licht noch Wasserpumpe noch Kühlschrank. Egal, es gibt Schlimmeres! Ein bisschen Licht schafft die Campinglaterne. Mich waschen und Geschirr spülen muss ich eben auf dem Campingplatz (auch wenn es in der Früh wirklich kalt ist), und den Kühlschrank benutze ich nur noch als Schrank. Hauptsache, Franz springt an und fährt; alles andere betrachte ich als entbehrlichen Luxus. Um das Startproblem zu lösen, beschließe ich, die Batterie im Motorraum bei jedem Stillstand abzuklemmen, damit sie nicht durch irgendeinen unbekannten Verbraucher entleert wird. So muss es doch klappen?

Montag, ganz früh: In der Werkstatt werde ich schon erwartet. Ich könnte bei Filterkaffee und WLAN im Wartezimmer gemütlich arbeiten, sehe mir aber lieber die Reparatur des Radlagers an und plaudere fast zwei Stunden mit dem Mechaniker: Ich will mein Auto einfach verstehen! Nach der Bezahlung springt Franz wieder nicht an und bekommt Überbrückung vom Mechaniker. Er rät mir zum Kauf eines mobilen Starthilfegeräts im nächsten Baumarkt. Toller Tipp! Damit bin ich überall startklar und somit autark!

Nahe dem Fährhafen liegt ein Campingplatz direkt auf dem Deich mit Blick auf die Kieler Förde. Duschen, abspülen, die vorbeiziehenden Schiffe betrachten und mein neues Gerät „Powerpack" am Landstrom laden, damit ich mir ab morgen entspannt selbst Starthilfe geben kann. Doch am nächsten Tag die böse Überraschung: Das Powerpack hat nicht geladen. Es bleibt tot. Langsam fange ich an, mich zu ärgern: Warum bitte muss denn zu allen Elektrikproblemen auch noch das neu gekaufte Elektrik-Problemlöserteil kaputt sein?! Da ich keine Lust habe, mich zu ärgern, trinke ich erst mal einen Tee. Im trübgrauen Nieselregen stehend, die Tasse in der Hand, fasse ich den einzig möglichen Plan. Schnell! In drei Stunden will ich an Bord der Fähre sein. Die nötige Starthilfe muss ich mir regelrecht erbetteln, denn die wenigen Mitcamper auf dem Platz schlafen entweder noch oder gucken schon wieder fern. Sehr unwillig lässt sich ein junger Familienvater überreden, seinen schicken, nagelneuen VW Bus kurz anzuschalten. Immerhin komme ich mit seiner Hilfe los.

Ich bin ziemlich unter Zeitdruck, doch Heiko, der Verkäufer, versteht. Er ist super: Nachdem seine Filiale das richtige Gerät nicht auf Lager hat, ruft er mehrere Kollegen an und verfügt, dass das irgendwo vorhandene Teil schnellstmöglich persönlich zu uns gebracht wird. Ich strahle vor Freude, und Heiko lässt sich meine herzliche Umarmung gefallen. Das „Powerpack" aus dem Baumarkt wird vom (deutlich teureren, aber extrem professionell aussehenden) „Reanimator" aus dem Fachhandel ersetzt – ein gutes Gefühl!

Gerade noch rechtzeitig eile ich in den Hafen. Die Fähre lässt pünktlich einschiffen, und unter Deck werden die Autos und Lkw angekettet. Solche Sicherheitsvorkehrungen kenne ich von anderen Fährfahrten nicht. Auf meine Nachfrage erhalte ich die Auskunft, dass Sturmwarnung besteht. Mich gruselt es. Als ich mich am Oberdeck im Regen und aufziehenden Sturm vom Land verabschiede, wäre ich gerade sehr viel lieber daheim

auf meiner Couch ... Grummelig jammere ich vor mich hin, sehne mich so sehr nach Wärme, Geborgenheit, Gemütlichkeit, dass ich mich wohl zum tausendsten Mal frage, warum ich mir einbilde, immer wieder draußen sein zu wollen, unterwegs sein zu „müssen“. Sehr schlechte Laune steigt auf – passend zum Wetter.

Den tatsächlich ordentlichen Sturm habe ich in Gesellschaft von lustigen Ostfriesen an der Bordbar kaum wahrgenommen (außer dass wir unsere Bierflaschen permanent festhalten mussten). Am nächsten Morgen rolle ich bei strahlendem Sonnenschein in Klaipeda/Litauen aus dem Bauch der Fähre und lasse mich zwei Wochen entlang der Ostseeküste durch das Baltikum treiben. Ich fahre durch Litauen nach Lettland, dann weiter nach Estland und biege erst kurz vor der russischen Grenze wieder von der Küste ab, um zur Fähre zurückzufahren. Immer wieder durchschneidet meine Route den hohen, vertikalen Wald. Mit mir reisen nur das streichende

Rauschen des Windes, zarte goldene Sonnenstrahlen und das ganz schüchterne Tröpfeln des Regens. Wenn ich diese Reise beschreiben müsste, wäre es vor allem die Farbe Grüngold, die mich den größten Teil des Tages umgibt. Die Campingplätze sind (wenn überhaupt geöffnet) komplett verwaist, und ich bin meist ganz alleine. Trotzdem ist es wunderschön hier oben. Ich liebe diese Leere, die Stille, die Weite – und will eigentlich noch gar nicht heim! Aber das Rückkehrdatum ist unumstößlich, die Fähre gebucht. Ich steuere also zügig Ventspils an, weil von dort aus die Fähre nach Lübeck/Travemünde auf mich wartet.

In Riga ist es nass, kalt und dunkel. Ich suche schon seit Stunden nach einem möglichen Schlafplatz, und meine graue Laune wird immer schwärzer. Mürrisch grolle ich vor mich hin. Weder auf Google Maps noch in meinen Camping-Apps wird ein geöffneter Campingplatz in der Nähe angezeigt. Mitte Oktober ist einfach maximale Nachsaison. Irgendwo wild zu übernachten, traue ich mich nicht; dafür bin ich jetzt schon viel zu nahe an der Stadt bzw. in stark bewohntem Gebiet. Zudem kann ich mich auch nicht mehr wirklich in Ruhe umsehen, um die Gegend zu checken. Es gibt so Tage, an denen ich mich von Grund auf unmutig fühle; so rundherum unsicher, verloren und angreifbar – und heute ist so ein Tag. Es ist vor allem das Dunkle, das mich in der Fremde wirklich beeinträchtigt. Ich habe keine Ahnung, warum mir das so viel ausmacht, aber Dunkelheit bzw. Undurchschaubarkeit stressen mich. Also muss ich mir für heute Nacht eine Alternative suchen. Und ganz abgeneigt bin ich gerade auch nicht, denn ich träume von einer heißen Dusche und einem endlich mal wieder warmen Raum. In Riga hat mein Handy schlechten Empfang, sodass ich immer ungeduldiger und genervter werde. Da ich jetzt endlich irgendwo landen will, folge ich blind dem Hoteleintrag auf Google Maps in nächster Nähe. Das Navi lotst mich zu einer wirklich miesen Kaschemme zwischen Lagerhalle, Bowlingbahn, Spielhölle und Puff. Na super! Ich steige aus, lasse mich von mehreren Augenpaaren beglotzen und entscheide, trotzdem lieber hier zu bleiben, als weiterzufahren. Mit Brotzeit, dem „Reanimator"-Starthilfepack zum Aufladen und Rotwein beziehe ich das schäbige Zimmer. Das Hotel ist echt mies – komplett leer und abgetakelt. Mein Blick fällt durch das Fenster in den kleinen, verwahrlosten Hinterhof, ich sehe die Rotlichtdamen bei der Arbeit, höre die Betrunkenen und schicke meinem Franz liebevolle Wünsche.

Es ist sehr früh am Morgen, endlich still und noch immer dunkel. Die Rezeption ist nicht besetzt, draußen ist es eiskalt und gefroren. Da ich am Abend beim Einchecken gleich auch ausgecheckt habe, möchte ich hier möglichst schnell weg. Außerdem habe ich es eilig: Die Fähre wartet. Doch Franz springt nicht an. Selbst mein „Reanimator" versagt seinen Dienst, er schafft es nicht, genug Power zum Anlassen zu liefern. Oder wo ist das Problem? Die letzten zwielichtigen Besucher stolpern aus den zwielichtigen Türen, machen plötzlich wieder Lärm im hallenden Häuserkarree. Immer wieder bleibt einer stehen, sieht zu mir rüber, pinkelt an den einzigen Baum im Hof, überlegt sich, warum sich die Frau da wohl an der offenen Motorhaube zu schaffen macht (aber das – angeschlagene? – Hirn kommt mit dieser Information wohl nicht ganz klar), dreht sich um und geht. Eine Dreiergruppe Arbeiter erscheint zur Schicht und steuert die Lagerhalle an. Sie wenden sich mir zu, als ich sie anlächle. Ich frage sie auf Englisch, und sie kommen und betrachten sich das Problem. Ich demonstriere, dass Franz keinen Mucks macht. Müde grinsend zucken sie synchron die Achseln und stecken sich ebenso synchron eine Zigarette an, während sie zum Eingang der Halle schlendern. Ich bleibe stur und ergebe mich meiner Alternativlosigkeit: Startversuch – kein Mucks – Pause – Startversuch – kein Mucks ... Beim gefühlt zweihundertsten Mal zeigt das Ladegerät endgültig Entladung an.

Jetzt hilft dieses Tun nicht mehr. Ich muss nachdenken, wie ich es noch pünktlich zu meiner Fähre schaffen kann – und zögere: Bin ich wirklich so „unfähig“, es nicht alleine zu schaffen? Muss ich mir wirklich eingestehen, dass ich jetzt Hilfe brauche? Ich denke an meine vielen Helfer bislang und lächle: der griechische Kugelbauch, der stundenlang schwitzend in der Grube unter Franz stand und dem ich um den Hals fiel, als er das Provisorium meines Schaltgestänges eingebaut hatte; der Österreicher, der außerhalb der Öffnungszeit das (schon lange verabschiedete) Provisorium dann professionell ersetzen konnte und in den ich mich fast verliebt hätte, weil er so aufmerksam meinen Reisegeschichten gelauscht hatte; der unfassbar nette Kieler, der mir aus irgendeiner Filiale das Profistarthilfegerät von einem Mitarbeiter bringen ließ, damit ich es noch auf die Fähre schaffte und nie wieder Startprobleme haben sollte; anschleppen, anschieben, Diesel leihen, Auspuff abschrauben – es sind inzwischen unzählige Helfer geworden.

Nun will ich mir selber helfen. Das wird doch zu schaffen sein! Ich denke hin und her, aber mein mangelndes Elektrotechnikverständnis und fehlendes Werkzeug lassen mich letzlich aufgeben. Ich stampfe innerlich vor Wut auf und ärgere mich zutiefst.

Die einzig logische Rettung, die mir noch einfällt: mein Lieblingsverein ADAC. Zum Glück „überall im Einsatz" – und oft schon mein Retter. Ich stutze, als mich der Mitarbeiter am anderen Ende der Leitung unterbricht und mit einem Redeschwall in Russisch? Lettisch? Außerirdisch? volltextet. Warum verbindet er mich denn nicht weiter, wo er doch merkt, dass ich nur Deutsch und Englisch spreche? Von ihm kommen lange Sätze in kryptischen Worten; schließlich legt er mich in die Warteschleife. Wieder ein barsches Genuschel – Warteschleife – Rauschen – Musik ... ich lege auf. Probiere es noch mal, gelange direkt in die Warteschleife. Plötzlich entfleucht mir ein lautes Lachen im matten Hall des Hofes. So, jetzt habe ich es also geschafft: Der ADAC will nichts mehr mit mir zu tun haben. Beunruhigt denke ich an meine vielen vergangenen Pannen zurück, aus denen mich der ADAC gerettet hat: gerade erst die Abschleppaktion wegen des Radlagers in Norddeutschland vor ein paar Tagen. Offenbar ist das Maß voll!? Warum sonst sollte sich nicht, wie gewohnt, eine nette, eloquente deutsche Stimme melden und in aller Ruhe und Zuversicht meines Problems annehmen?

Plötzlich empfinde ich die über mir flatternden Krähenschwärme als bedrohlich. Es beginnt eiskalt zu nieseln, und meine Laune rutscht endgültig in den Keller. Doch vor den Lagerarbeitern möchte ich mir keine Blöße geben. Also stelle ich mich cool und denke noch mal nach: Wer könnte mir hier noch helfen, wenn selbst der ADAC nicht funktioniert? Wen könnte ich um diese Uhrzeit überhaupt anrufen – immerhin bin ich der deutschen Zeit zwei Stunden voraus? Ich stehe an der offenen Motorhaube, die Arbeiter, die Rotlichtdamen und ich starren uns gegenseitig mit trübem Blick an, alle gleichermaßen schlecht gelaunt ob ihrer Situation. Aus dem Nichts fällt mir Andris ein. Er ist doch aus Riga? Auf der Fährfahrt nach Litauen hatte ich einen lustigen Abend mit zwei sehr lustigen Ostfriesenjungs. Sie hatten mich zu einem nächsten lustigen Abend in ihre lettische Hütte eingeladen, die direkt auf meiner Route lag. Andris war dabei. Er lehrte mich nicht nur das lettische Prost „Uz veselibu" (sprich: os wesseli bu), sondern schwärmte mir auch von seiner Heimatstadt Riga vor (in der ich gerade festhänge). Also ran ans Telefon. Ein Ostfriese ist Frühaufsteher, tatsächlich erreichbar und beruhigt mich: „Ein Problem ist nur eine Lösung in Arbeit", sagt er und gibt mir Andris' Nummer. Andris verspricht (da er im Moment in Deutschland ist und nicht selbst vorbeikommen kann), sich sofort um eine Lösung zu kümmern. Mein Herz klopft laut vor Freude! Ist es nicht ein unfassbares Geschenk, jemanden zufällig getroffen zu haben, der mir jemand anderen vorstellt, der sich bereit erklärt, jemand ganz anderen zu schicken, um mich zu retten? Eine Viertelstunde später ruft Andris zurück: Sein Kumpel mache sich in etwa einer halben Stunde auf den Weg (wenn er die Kinder in die Schule gebracht hat) und sei in ungefähr einer Stunde bei mir. Er sei nicht nur Kfz-Checker, sondern kenne auch viele Werkstätten. Wir lachen durchs Telefon, als ich Andris die ganze Geschichte rund um Franz' Elektrik erzähle, höre seinen Kopf durchgehend schütteln und lache mit ihm über mich und meine unerschütterliche Liebe zu meiner alten Kiste.

Welch unglaublich gutes Gefühl, dass Rettung naht! Vielleicht ist ja die Fähre doch noch zu schaffen? Ich schließe die Augen und atme durch, um mich zutiefst zu freuen. Trotzdem meckert in mir laut der Gedanke, es nicht selbst geschafft zu haben. Ich grüble über meinen Anspruch nach, mich immer alleine retten zu wollen. Warum tue ich mir so schwer, mir einzugestehen, dass ich nicht alles alleine regeln kann? Bin ich zu emanzipiert, um mir helfen zu lassen? Nur weil ich vieles kann, heißt das doch nicht, dass ich alles können muss. Zudem helfe ich schließlich auch gerne und freue mich sehr, wenn ich einen Menschen mit meinem Können glücklich machen kann. Ist es für mich nicht ein schönes Erlebnis, wenn ich Teil der Lösung bin und das Problem eines anderen Menschen in Luft auflösen lassen kann? Langsam werde ich mir in meiner Grübelei bewusst, dass ich aus dieser Situation lernen darf: Hilfe zu rufen ist kein Eingeständnis von Versagen, sondern nur eine Bitte um Ergänzung. Jemand anderer kann mich mit seinem Talent glücklich machen – und dabei vielleicht sogar selbst glücklich werden.

Nach einer Weile Untätigkeit stelle ich mich hinaus in den Hof, um die inzwischen warme Sonne zu genießen. Mehr aus Langeweile möchte ich doch noch einmal versuchen, ob sich Franz zum Anspringen bewegen lässt – jetzt, da er so fein von der Sonne gewärmt wird. Mit halb aufgeladenem „Reanimator" gebe ich ihm eine letzte Chance ... und siehe da: Er startet, als ob nichts gewesen wäre. Ich könnte ihn ohrfeigen und gleichzeitig umarmen. Andris' Kumpel gebe ich frei, und der hässlich-bedrückende Hinterhof bekommt meine Rücklichter zu sehen ...

Ich bin wieder on the road.

... OH, THE PASSENGER
HE RIDES AND HE RIDES
HE SEES THINGS FROM UNDER GLASS
HE LOOKS THROUGH HIS WINDOWS EYE
HE SEES THE THINGS HE KNOWS ARE HIS
HE SEES THE BRIGHT AND HOLLOW SKY
HE SEES THE CITY ASLEEP AT NIGHT
HE SEES THE STARS ARE OUT TONIGHT
AND ALL OF IT IS YOURS AND MINE
AND ALL OF IT IS YOURS AND MINE
OH, LETS RIDE
AND RIDE
AND RIDE
AND RIDE ...

"THE PASSENGER" VON IGGY POP

Im Gespräch

... MIT CHRISTIAN, WELTENBUMMLER, BERGVAGABUND, PILGER UND ALLEINREISENDER

Christian ist u. a. Reiseschriftsteller, Klettertrainer sowie Heilpraktiker für Psychotherapie und verbringt seine Freizeit am liebsten auf einer kleinen Almhütte ohne Strom und Internet. Auf seinen Abenteuerreisen zieht es ihn immer wieder ins Unbekannte. Seit seiner ersten Tour, gleich nach dem Abi, die ihn als Tramper bis nach Spanien brachte, schätzt er das Allein-unterwegs-Sein sehr.

Christian, du liebst die Berge, deine Reisen hatten oft Gipfel als Ziel.

Ja, alles, was ich über das Leben weiß, habe ich in den Bergen gelernt. Menschen, die so drauf sind wie ich, werden von manchen Bergen richtig gerufen. Oder gelockt: mit den süßesten Versprechen, wenn du sie „nur besuchen" kommst. Dieser Ruf hat über viele Jahre meinen Reisen eine Richtung und einen Sinn gegeben: Mont Blanc, Kilimandscharo, Aconcagua, Mount Kinabalu, Piton de Neiges ... Meist bin ich nur mit Rucksack losgezogen und habe wahnsinnig viel erlebt. Große Höhen. Unbeschreibliches Glück. Aber auch sehr bittere Momente. Ich würde sagen: Es waren Lehr- und Wanderjahre. Ich musste weit reisen, um endlich bei mir anzukommen. Und um zu erkennen: Das Glück steckt in den einfachen Dingen. Auf meiner kleinen Alm bestätigt sich das jeden Tag. Vielleicht, weil es da oben keinen Strom gibt, schärft sich noch mal der Sinn für die Dinge, die wirklich wesentlich sind.

Du bist nach wie vor viel unterwegs – und das nicht selten alleine. Wie kam es zu der Idee, allein aufzubrechen?

Meine erste wirklich große Soloreise war im Prinzip ein klassischer Bußgang ... 2001. Damals ist mein Seilpartner beim Klettern abgestürzt und hat nur durch ein sehr großes Wunder überlebt. Nach einem ganzen Jahr im Krankenhaus wurde er völlig geheilt wieder entlassen. Ich fand, wir zwei sollten uns dafür bedanken. Beim großen, gnädigen Bergsteigergott, mit einem angemessenen Opfer. Dann sagte mein Kumpel in letzter Sekunde ab, und ich ging ihn alleine, den „Traumpfad", in 28 Tagen am Stück – vom Münchner Marienplatz nach Venedig. Einmal über alle Berge, von der Isar bis ans Meer.

Bist du gerne allein unterwegs?
Skitouren, Bergwanderungen, ich bin oft allein unterwegs, zuletzt sechs Wochen lang mit dem Rucksack durch Indien: eine großartige Erfahrung! Aber auch wenn ich mir immer wieder auf die Schulter klopfe und dankbar bin, dass ich alleine aufbrechen kann, hat es doch noch mal eine ganz andere Qualität, die urgewaltige Schönheit mancher Augenblicke mit jemand Liebem teilen zu können.

Und? Was bedeutet das für dich?
Alleine ins Unbekannte aufbrechen ist ja bei Gott nicht jedermanns Sache. Aber genau dieser Mut und diese Entschlossenheit wird stärker belohnt als alles andere, so jedenfalls meine Erfahrung. Alleine aufbrechen können ist ein großes Stück Freiheit, bedeutet aber auch, seine Sicherheit zu opfern. Was mich zur Erkenntnis gebracht hat, dass es eigentlich um das Loslassen geht. Und um Vertrauen. Loslassen lernen ist DIE Lebensaufgabe, und Vertrauen der Anfang von allem. Wo es hingeht, ist nicht so entscheidend. Hauptsache, du hast dich auf den Weg gemacht. Kurz: Das Weg ist das Ziel. Ja, DAS Weg – das Wegkommen.

Wie profitierst du persönlich von diesem ständigen Aufbrechen?
Ich halte damit meine größten Feinde in Schach, die mit zunehmendem Alter immer mächtiger werden: die Trägheit; die Bequemlichkeit; und vor allem mein Phlegma. Es rät mir, immer alles erst mal auf morgen zu verschieben. Noch besser, auf übermorgen. Denn jeder Aufbruch bedeutet zunächst ja mal Arbeit. Aber genau darum geht es letztlich: Immer wieder in Bewegung kommen! Auch im Kopf.

Dann kennst du diese Stimme also auch, die dich am Aufbruch hindern will?
Ja, diese Stimme kenne ich sehr gut. Sie wird immer einflussreicher, je älter man wird. Aber sie kann auch wie ein Weckruf wirken. Dich mahnen, zum Beispiel, dass der Starttermin falsch ist usw. Das ist ein sehr komplexes Thema, sehr individuell. Es geht hier um Angst. Sich seiner Angst zu stellen, gehört zu den ganz großen persönlichen Herausforderungen. Jeder hat vor irgendetwas Angst! Aber Angst kann auch lähmen. Blöd ist nur, wenn du dann hier geblieben bist und von dem Gefühl gepeinigt wirst: Ich hab' gekniffen. Du erfährst nie, ob du dich falsch entschieden hast. Man muss diese Situation dann unbedingt annehmen und es sich zu Hause gutgehen lassen. Dein Leben ist, wo du bist. Die Gegenwart zählt, mehr nicht.

Ist es dir inzwischen wirklich egal, wohin die nächste Reise geht?
Ja, es muss nicht mehr weit sein. Seit ein paar Jahren gehe ich mit einem

Kumpel den Jakobsweg, von München nach Santiago. 2700 Kilometer. Jedes Jahr ein kleines Stück weiter. Auf der letzten Etappe sind wir vom Bodensee nach Genf marschiert, einmal durch die ganze Schweiz. Zu Fuß – was für ein Abenteuer! Man ist so nah an den Dingen und Menschen. Das langsame Fortbewegen verändert jede Wahrnehmung. In der Früh brichst du auf, abends brauchst du ein Bett, dazwischen bist du in Bewegung. Dein Körper arbeitet, dein Geist hat frei. Mehr braucht deine Seele nicht, um sich in dir wohlzufühlen.

Wann kam die Idee vom Wohnmobil?

Relativ spät eigentlich. Irgendwann habe ich plötzlich gewusst, dass meine Zeit dafür jetzt reif ist, und habe eine Suchanzeige in die Zeitung gesetzt. Es kam eine einzige Antwort zurück. Und weil ich an eine „höhere Komposition" glaube, also dass es keine Zufälle gibt, hab ich diesen T3 einfach gekauft, auch allein, ohne irgendetwas von Autos zu verstehen. Ein cooles Teil mit einem riesigen Dach. Das nur leider so viel Luftwiderstand bot, dass man damit eigentlich immer nur von Tankstelle zu Tankstelle kam – aber man liebt ja solche Karren. Eine Hassliebe war das, aber eine leidenschaftliche.

Mit dem Bus kam welcher Berg? Wohin ging die erste Reise mit ihm?

Zum Ararat, einem strammen 5000er. Ich wusste: Da hinten im Osten muss der irgendwo stehen, also fahr ich eben mal hin ... Der Berg liegt im Dreiländereck Türkei/Armenien/Iran. 4000 Kilometer weit weg, schon in Asien. Und weil dieser Bus so eine abgerittene Karre war, funktionierten u. a. auch paar Anzeigen am Armaturenbrett nicht. Deswegen hatte ich das Öl nicht im Blick und bin urplötzlich irgendwo – in the middle of nowhere – mit den letzten Zuckungen gerade noch so auf den Seitenstreifen gekommen. Öttel öttel ... Im allerletzten Eck der Türkei. Wahnsinn! Kolbenfresser – Auto tot – Endstation. Und nun? Da ist mir nichts anderes mehr eingefallen, als den ADAC anzurufen. Ich habe denen erklärt, wo ich ungefähr stehe, und keine halbe Stunde später kommt da schon so ein gelbes Huckepack-Auto ums Eck. Echt! Sie haben ruckzuck den Wagen aufgeladen und zur nächsten Werkstatt geschleppt. Der Chef dort hat das Geschäft seines Lebens gewittert und gleich mal seine ganze Verwandtschaft zu einem Festmahl geladen. Dazu alle Mechaniker, und ich mittendrin. War das großartig! Der ADAC hat mir ein Hotel gestellt und die Ersatzteile organisiert. In der Wartezeit hab ich die Werkstattjungs so richtig als Freunde gewonnen. So ist das halt bei solchen Reisen – unterm Strich wirst du jeden Tag reicher.

Ist es dir schwergefallen, den ADAC um Hilfe zu bitten?

Wieso? Ich konnte mit meinen Mitteln und Möglichkeiten mein Problem nicht lösen. Da ist es doch das Normalste der Welt, Hilfe von außen anzunehmen. Das hat mit Stolz überhaupt nichts zu tun oder mit Versagen. Shit happens. Und das immer wieder. Genau deswegen ist das Pilgern auch so eine beeindruckende Erfahrung. Denn „Pilger sein" heißt „Fremder sein". Als Fremder bist du auf die Hilfe anderer angewiesen. Du brauchst Essen, Trinken und einen Platz für die Nacht. Die wunderbarsten Sachen passieren dir da ...

Du bist sehr viel gereist, hast sehr viel gesehen ... planst auch schon wieder etwas in Südamerika. Warum? Wozu? Was lernt man eigentlich unterwegs?

Man lernt, was WIRKLICH wichtig ist. Zum Beispiel, dass man eine Heimat hat. Und dass es auf Dauer nirgendwo schöner ist als dort. Um dies zu erkennen, muss man manchmal sehr weit wegfahren – in meinem Fall bis nach Varanasi, der heiligen Stadt der Hindus. Genau da, wo die Scheiterhaufen seit über 2000 Jahren brennen, bin ich ziemlich krank geworden. Mutterseelenallein in einem Kellerloch liegend, ohne Fenster, ohne Plan. In diesen Stunden großer Angst habe ich für mich erkannt, dass der Sinn und Zweck allen Verreisens das Wiederheimkommen ist, dorthin, wo dein persönlicher Ankerplatz ist. Diesen Platz habe ich in Indien gefunden: Indem ich am Ufer des Ganges kapiert habe, dass ich ja von dort aufgebrochen bin, wo ich eigentlich hin wollte, nämlich nach Hause. In diesem Augenblick bin ich angekommen. Bei mir? In mir? Keine Ahnung.

Ich habe am Berg auch schon einen Menschen verloren. Seitdem weiß ich: Es kann jederzeit alles, einfach alles vorbei sein. Also jetzt leben! Heute. Wann denn bitte sonst? Es ist übrigens nicht so, dass jeder Aufbruch oder alles Loslassen zwangsläufig zum Glück führt. Reisen ist also nicht unbedingt der Sinn des Lebens, aber garantiert ein Schlüssel dazu.

Schöne Überleitung, Christian: Was würdest du denn als deinen Sinn des Lebens beschreiben?

[Denkt lange nach] Ich stelle mir bei dieser Frage immer vor, dass ich wie ein Kirschbaum bin. Also die Möglichkeit in mir trage, eine maximale Anzahl von Blüten zu entwickeln. Der Sinn des Lebens bzw. meine Lebensaufgabe ist es nun, an diese Zahl möglichst nah heranzukommen, möglichst kräftig aufzublühen – volles Rohr! Jeden Tag von Neuem wieder:

einfach blühen!

Mehr zu Christian Rödling und zu seiner psychotherapeutischen Arbeit:

www.therapeutisches-klettern.de

Mein Tipp

DIE PERFEKTE STARTHILFE

STOMVERBRAUCHER AUSSCHALTEN

Parke das funktionierende nahe dem fahrunfähigen Auto, **ohne dass sie sich berühren**, und schalte in beiden Autos alle Stromverbraucher aus.

BATTERIEPOLE CHECKEN

★ Der **positive Anschluss** ist mit einem **+ (Plus)** markiert und mit einem **ROTEN Kabel** verbunden.

★ Der **negative Anschluss** ist mit einem **– (Minus)** markiert und mit einem **SCHWARZEN Kabel** verbunden.

BATTERIEN RICHTIG MIT DEM KABEL VERBINDEN

★ Die rote Klemme am **+** der **leeren Batterie** befestigen und dann mit dem **+** der **vollen Batterie** verbinden.

★ Am Hilfsauto stehen bleiben. Hier die schwarze Klemme vom **–** der vollen Batterie mit der **Masse des fahrunfähigen Autos** verbinden - und **NICHT (!) mit der leere Batterie**; es könnten sich Knallgase entzünden. Am besten hält die Polzange am **Motorblock** oder einem anderen unlackierten, nicht verölten Metall, das mit dem Motor verbunden ist.

★ Ich habe mir die Reihenfolge der Verkabelung per Alphabet gemerkt:
R(ot) kommt vor **S**(chwarz). **L**(eer) kommt vor **V**(oll).
Also zuerst mit **R**OT, erst **L**EER, dann **V**OLL. Dann mit **S**CHWARZ - und ab hier (leider) nicht mehr alphabetisch: erst VOLL, dann METALL.

★ Verwechsle keinesfalls die Pole - eine neue Lichtmaschine ist teuer!

FUNKTIONIERENDES AUTO STARTEN UND KURZ LAUFEN LASSEN

★ Starte das funktionierende Auto, lass es **ein paar Minuten im Leerlauf laufen** und gib etwas Gas, um die leere Batterie zu laden.

★ Dann versuche, das **fahrunfähige Auto zu starten**. Nicht zu oft probieren, da bei Benzinern der Kat durch unverbrannten Kraftstoff geschädigt werden kann.

★ Sobald der Motor startet, **schalte einen starken elektrischen Verbraucher an** (z. B. das Gebläse), um Spannungsspitzen beim Abklemmen zu vermeiden.

KABEL ABKLEMMEN IN EXAKT UMGEKEHRTER REIHENFOLGE

★ Die schwarze Klemme am Auto lösen, das nicht betriebsbereit war, dann die schwarze Klemme von der guten Batterie.

★ Die rote Klemme von der guten Batterie lösen, dann die andere rote Klemme.

MÖGLICHST LANGE FAHREN, UM DIE BATTERIE AUFZULADEN

Am besten unternimmst du dafür eine lange Überlandfahrt.

DEINE HELFER BEI EINER PANNE

LÄCHELN HILFT IMMER

Es ist die häufigste Frage, die ich höre, wenn ich von meinen Alleinreisen erzähle: „Dann kennst du dich sicher super mit Autos aus?“ Nein, gar nicht. Oder so gut wie gar nicht, denn natürlich habe ich im Laufe der Zeit aufgrund all meiner alten Fahrzeuge das ein oder andere Verständnis über Autos gewonnen. Durch die vielen Werkstattaufenthalte in denen ich meist sehr genau den Meistern über die Schulter geschaut habe, kenne ich die Funktionsweise von Lichtmaschine, Kühler, Verteiler, Radlager, Auspuff. Möglicherweise habe ich schon fast alle Teile eines Autos aus der Nähe betrachtet und verstehe auch die Zusammenhänge ziemlich gut – aber selbst könnte ich kaum etwas reparieren. Leider! Zudem fehlt mir für eine gelingende „Notoperation“ eine große Werkzeugkiste. Aber ich fahre trotzdem alleine, auch ohne meinem Auto helfen zu können, weil ich unfassbares Vertrauen habe. Vertrauen in meine Fähigkeit, Hilfe zu finden. Denn Hilfe kommt. Immer! Auch wenn du mal ein wenig warten musst, irgendjemand kommt vorbei, du lächelst und dir wird geholfen. Vertraue.

Auch die zweite Frage, „Wie kommst du denn ohne die Landessprache zurecht?“, kann ich mit einem „Lächeln“ beantworten. Denn mit einem offenen, zugewandten Lächeln werden dir die meisten Menschen zuhören; und mit dem üblichen Hand-Fuß-Kauderwelsch ist es meist möglich, das Problem zu kommunizieren. Sollte sich tatsächlich eine unüberwindbare Sprachbarriere auftun oder man möchte etwas ganz genau erklären, nutze ich (in der Hoffnung, dass ich nicht im absoluten Funkloch sitze) die **Google Translator App**. Sie funktioniert zwar sehr holprig, aber auch wenn die Übersetzung meist nicht exakt das sagt, was man meint, kommt man doch am Ende grundsätzlich auf den Punkt. Und versteht sich – oder hat viel zu lachen.

EIN SCHUTZBRIEF: VERLÄSSLICHE HILFE

Aber manchmal bin auch ich ungeduldig und möchte sofort Hilfe bekommen. Dann kann ich mich weder mit Lächeln noch mit guter Laune retten, sondern will Kompetenz, die sich Franz' annimmt. Und dann rufe ich meinen Lieblingsverein ADAC an, bei dem ich einen Schutzbrief habe.

★ Schutzbrief bei Automobil-Clubs

Es gibt mehrere Automobil-Clubs, die deutschland-, europa-, teilweise auch weltweit Hilfe bei einer Panne oder einem Unfall organisieren: **ADAC, AvD,**

BAVC, ACE, ACV. Da neben dem bekanntesten Club, dem ADAC, auch die anderen ein großes Netzwerk unterhalten, sind sie genauso schnell vor Ort. Während der ACE und der AvD eine eigene Flotte an Pannenfahrzeugen betreiben, greifen die anderen Clubs auf die silbernen Fahrzeuge von „Assistance Partner" zurück. Die kleineren Clubs sind in der Regel günstiger als der ADAC und bieten im Grunde die gleichen Leistungen. Ich persönlich finde es allerdings im Ausland einfach leichter, vom ADAC zu sprechen, den jeder kennt und dessen Kontakt auch Einheimische leicht herausfinden. Ich mag die Zuverlässigkeit und zudem das große Angebot des ADAC an zusätzlichen Leistungen (die man in der Jahresgebühr aber natürlich mitbezahlt) wie die Tour-Sets oder die App zur Inspiration.

★ Schutzbrief über Kfz-Versicherungen
Viele Kfz-Versicherungen bieten zur Haftpflicht- oder Kaskoversicherung einen (Auslands-)Schutzbrief an. Auch dieser ist in aller Regel günstiger als eine Mitgliedschaft in einem der genannten Automobilclubs – allerdings sind die Leistungen auch nicht so umfangreich und müssen bei Abschluss unbedingt genau geprüft werden. Denn in vielen Fällen umfasst der Schutzbrief hauptsächlich den Transport des defekten Fahrzeugs in die nächste Werkstatt, wobei in den meisten Fällen die Versicherung die Partnerwerkstatt bestimmt – und die muss nicht immer die günstigste oder die am nächsten gelegene sein. In vielen Policen wird beim Abschleppen darüber hinaus eine Selbstbeteiligung fällig, und auch eine Reparatur direkt am Ort der Panne ist nicht in allen Schutzbriefen selbstverständlich enthalten. Einige Versicherungen legen zudem fest, dass eine Inanspruchnahme erst ab einer Entfernung von beispielsweise 50 Kilometern zum Wohnort möglich ist.

Ich bin deshalb sehr froh, dass ich einen Schutzbrief habe, der mich weltweit auf allen Straßen begleitet und bislang noch nie im Stich gelassen hat. Von wem du diese Versicherung kaufst, ist aber letztlich eine ganz persönliche Entscheidung nach deinen Ansprüchen und deinen Schutzbedürfnissen. Wichtig ist nur, dass du stets das gute Gefühl hast, jemanden anrufen zu können, der dich mit viel Ruhe, Geduld und Sachverstand durch schwierigere Situationen lotst und nicht einfach alleinlässt.

Ich bin nicht entmutigt,
weil jeder als falsch verworfene Versuch
ein weiterer Schritt vorwärts ist.

Thomas Alva Edison

8.

Selbstwirksamkeit: *ein Erste-Hilfe-Kasten*

Baltikum, Litauen | Am Nachmittag suche ich in Litauen wieder einmal lange nach einem nahen Campingplatz und sehe auf der App, dass nur ein einziger bleibt, der geöffnet zu sein scheint. Keine Zeit verlieren – ich bin spät dran, denn die Sonne neigt sich schon bedenklich Richtung Horizont. Ich folge also dem Handy-Navi und biege in die Schotterstraße ein. Eigentlich mag ich diese ollen Straßen, auch wenn diese so stark geriffelt ist, dass ich nur extrem rumpelnd und viel zu langsam fahren kann. Von der immer dunkler werdenden Piste lasse ich mich immer tiefer in den Wald führen und übe mich in Vertrauen auf mein Navi. Schmal, schmäler ... die Straße wird zum Pfad, dicht gesäumt von hohen Bäumen. Führte der Weg erst noch an vereinzelten, vereinsamten Ferienhäusern vorbei, wird er nun immer schmäler, hubbeliger, dann auch sandiger. Das Fahren ist inzwischen anstrengend, und ich fühle mich nicht mehr wohl hier. Mit dem Verschwinden der Sonne verliere ich die Orientierung; dabei hasse ich es, vom Navi abhängig zu sein! Aber so tief im dichten dunklen Wald bleibt mir nichts anderes übrig, als den Blick auf dem Handy zu halten und mich führen zu lassen – bis ich hinter einer Kurve unvermittelt vor einem haushohen Sandhügel stehe. Ich lasse Franz mit laufendem Motor stehen und steige die Anhöhe hinauf, um den Boden zu testen: keine gute Idee, hier hinaufzufahren! Deutlich kann ich an den tiefen Spurrillen erkennen, dass erst kürzlich jemand mit Ästen nachgeholfen hat, um sein Auto auszugraben. Die Spuren zeigen auch, dass er es nicht hinaufgeschafft hat, sondern zurücksetzen musste.

„Wherever you go. There you are."
Jon Kabat-Zinn (Begründer der Achtsamkeitslehre)

Natürlich packt mich hier der Ehrgeiz, es doch zu schaffen; die Abneigung, die ewige Waschbrettpiste zurückrumpeln zu müssen, und die Sehnsucht nach dem nahe gelegenen Campingplatz werden fast übermächtig. Ich habe Hunger, will duschen, schlafen, am liebsten sofort! – Also muss ich es probieren ...

Ich zwinge Franz. Erst setze ich ein Stück zurück, um Anlauf zu nehmen, präge mir die (augenscheinlich) beste Linie ein und gebe beherzt Gas. Mit viiiiiel Gefühl lenke ich meinen Kasten den steilen Hügel hinauf. Er will, ich will ... wir schlagen uns tapfer ... aber schaffen es nicht! Der Sand ist viel zu tief, zu weich, zu wenig griffig. Als Franz sich nicht mehr bewegen lässt, steige ich aus und sehe die Räder fast knietief im Sand stecken. Um mich herum das Nichts aus dichtem, tiefem, undurchschaubarem Wald. Ich stehe mitten in unheimlicher Dunkelheit, das einzige Licht wirft mein kleiner, brummender Franz, ich fühle mich verloren und allein. Kurz denke ich daran, um wie viel einfacher es jetzt zu zweit wäre. Ganz sicher empfände ich in Gemeinschaft nicht diese Hilflosigkeit. Mich schaudert. Angst steigt brennend in mir auf, und ich suche unruhig nach Lösungen, nach Fluchtmöglichkeiten. In dieser Schräglage kann ich keinesfalls die Nacht verbringen –

und wer weiß, ob morgen zufällig jemand vorbeikäme, um mir helfen zu können? Telefonisch kann ich von hier aus jedenfalls niemanden erreichen, und zu Fuß ... es ist eine ganze Weile her, dass ich an den letzten Häusern vorbeigekommen bin.

Gerne würde ich mich einfach nur hinsetzen und jammern. Aber dieser Impuls währt nur kurz. Dann spüre ich Trotz, der mich wie von selbst antreibt: Ich kann und will doch hier nicht an einem blöden Sandhügel scheitern! Ich werfe mich auf die Knie, buddle mit den Händen die Vorderreifen aus, schiebe mit meinen Holzclogs den Sand zur Seite, lege Zweige und große Äste unter die Reifen, trample einen Weg fest ...

... STANDING AT THE POINT
THE ROAD IT CROSS YOU DOWN
WHAT IS AT YOUR BACK
WHICH WAY DO YOU TURN
WHO WILL COME TO FIND YOU FIRST
YOUR DEVILS OR YOUR GODS
ALL YOU FOLKS THINK YOU RUN MY LIFE
SAY I SHOULD BE WILLING TO COMPROMISE
I SAY ALL YOU DEMONS GO BACK TO HELL
I'LL SAVE MY SOUL SAVE MYSELF ...

"CROSSROADS" VON TRACY CHAPMAN

Franz müht sich. Mit sanfter Gewalt will ich ihn langsam, aber trotzdem möglichst zügig aus dem tiefen Sandloch manövrieren. Aber kaum haben sich die Räder mithilfe der Zweigunterlage eine halbe Umdrehung nach vorne bewegt, sackt der schwere Kasten schon wieder an einem Ende ein, und ich komme gar nicht dazu, Schwung in die Bewegung zu bringen. Es ist mühsam: Handbremse – aussteigen – die Taschenlampe in der einen Hand, mit der anderen die Zweige umschichten – noch mal von vorn ... Über eine Stunde knie ich im Sand, schufte, schwitze und bin dennoch voller Elan, diesen albernen Hügel zu überwinden! Aber als ich dann auch noch Starthilfe geben muss, Franz und ich uns insgesamt nur eine Autolänge aufwärts bewegt haben und ich realisiere, dass immer noch etwa ein Drittel des Hügels (geschätzte 30 Meter) vor uns liegt, lasse ich die Vernunft siegen und Franz rückwärts alle schwer erkämpften Meter wieder hinabrollen. Unten besehe ich mir meinen „Erfolg": Immerhin bin ich deutlich weiter gekommen als mein Vorgänger! Das macht mich irgendwie ganz schön stolz. Und auch froh. Musik an!

Etwa zwei Kilometer muss ich den Waldweg im Rückwärtsgang zurücklegen, denn der Pfad ist gerade mal autobreit und so dicht mit Bäumen bewachsen, dass es keine Lücke zum Wenden gibt. Ich halte die Fahrertüre auf und gleichzeitig, um die Piste vage zu beleuchten, die Taschenlampe in der Hand, strecke den Kopf aus der Türe (nicht zu weit wegen der nahen Bäume) und lenke mit der anderen Hand. Ich muss laut lachen, als ich mich selbst betrachte, und schüttle den Kopf über meine irgendwie komische Verrücktheit.

Endlich gelingt mir die Wende, und ich kann wieder durch die Frontscheibe und mit Scheinwerfern die Waschbrettpiste erkennen. Beim langsamen Dahinrumpeln lache ich immer noch. Wahrscheinlich gibt es nicht viele, die so doof sind, sich in Dunkelheit und mit einer Schrottkarre (entschuldige, Franz!), ohne Allrad, ohne Offroad-Erfahrung und vor allem allein einem offensichtlich unbefahrbaren Sandhügel zu stellen. Aber der Stolz in mir legt sich wärmend um meinen gekränkten Sportsgeist: Immerhin habe ich es probiert. Und ich habe gekämpft. Und bin glimpflich davongekommen! Und habe alles gegeben, was ich in diesem Moment drauf hatte. Ich bin im besten Sinne selbstwirksam, denn ich habe enorm großes Zutrauen in meine Fähigkeiten, Probleme zu lösen.

Irgendwie ist also die Fähigkeit zur Selbstwirksamkeit wie ein persönlicher Erste-Hilfe-Kasten. Ein Sammelsurium an Zutrauen, Fähigkeiten, Wissensfragmenten und Handlungsempfehlungen, die ich in wichtigen Situationen auspacken und anwenden kann. Mit diesem Kasten bleibe ich in Aktion und muss nicht die Hilfe von außen abwarten. Ich habe die Werkzeuge, mich aktiv werden zu lassen, und das Wissen, dass ich mein Handwerk in Sachen Problemlösung oft erfolgreich angewandt habe.

Ja, ich kann für mich sagen: Mit der steigenden Anzahl meiner gefahrenen Franz-Kilometer steigt proportional auch meine Selbstwirksamkeit – und ich danke jeder einzelnen guten und schlechten Erfahrung auf Reisen, die mich in meinem Problemlösertum gestärkt hat! So gesehen, verstärkt sich meine Annahme, dass Touren im Kastenwagen die pure Therapie sind.

Ich danke jeder einzelnen guten und schlechten Erfahrung.

Im Gespräch

... MIT KATRIN, KÜNSTLERIN, KULTURPÄDAGOGIN UND KUNSTTHERAPEUTIN

Katrin leitet seit über zwanzig Jahren ihre Kunst-Werkstatt in München. Hier wird Raum und Material zur Verfügung gestellt, um in die eigene künstlerische Entwicklung gehen zu können. Die Kinder und Jugendlichen dürfen sich hier frei fühlen, um sich auszuprobieren, sich zu erleben und eben auch ihre Selbstwirksamkeit zu spüren.

Liebe Katrin, mit deiner Erfahrung in deiner Montessori Kunst-Werkstatt bist du für mich DIE Ansprechpartnerin, wenn es um das Thema Selbstwirksamkeit geht. Wie würdest du dieses große Wort definieren?

Es ist das Zutrauen, dass das eigene aktive Handeln positive Veränderungen hervorrufen kann. Sprich, dass man selbst aktiv werden kann, handlungsfähig ist, dass man eine eigene Meinung hat, dass man sich einmischt – und damit Erfolg hat.

Aber dieses Zutrauen zu bekommen, ist ja eine Lernerfahrung, oder haben wir das von Geburt an?

Ich glaube schon, dass wir eine Grundausstattung mitbekommen. Jeder natürlich unterschiedlich viel. Aber die Fähigkeit, die eigene Wirksamkeit abzurufen, ist wie ein Muskel: Wenn er nicht trainiert wird, verkümmert er. Wir leben in so komplexen und undurchschaubaren Systemen, in denen es einfach schwierig ist, seiner eigenen Meinung, seiner Wirksamkeit zu vertrauen. Deswegen ist es so wichtig, das eigene Zutrauen immer wieder zu prüfen, herauszufordern und zu stärken.

Haben es Kinder leichter, Selbstwirksamkeit zu üben?

Es hat ganz, ganz viel damit zu tun, wie die Eltern ihr Kind begreifen: Ist es ein eigenes, autarkes Individuum oder ist es nur ein Produkt ihrer selbst? Eltern sollten immer höchstes Interesse darin haben, ihr Kind sein eigenes Können erleben zu lassen. Es muss von den Eltern – unabhängig von den eigenen Bedürfnissen – gefördert werden. Kinder

unselbstständig werden zu lassen, ist Unterdrückung. Am schlimmsten ist es, den Kindern nichts zuzutrauen. Das untergräbt jegliches Selbstvertrauen, jegliches Gefühl von Selbstwirksamkeit. Man weiß, dass es einen direkten Zusammenhang zwischen dem eigenen Zutrauen und Resilienz gibt. Eine hohe, positive Selbstwirksamkeitserfahrung ist stark resilienzfördernd. Da kann dir auch mal etwas Schlimmeres passieren, wenn du weißt, dass du aktiv gestalten, etwas bewirken kannst. Du hast automatisch eine höhere Frustrationstoleranz. Dann kann auch mal was schiefgehen, denn du weißt, dass du es das nächste Mal anders machen kannst. Mit einer hohen Resilienz kannst du auch einen Fehlschlag nicht als Drama empfinden, sondern als Chance.

Mal angenommen, ich fühle mich als Erwachsener nicht besonders selbstwirksam oder selbstbewusst: Hast du einen Vorschlag, wie man das trainieren könnte?

Na ja, mit banalsten Dingen. Alles, was eine im Prinzip positive Unterstützung bietet. Ich würde mir, wenn ich erkenne, dass ich das nicht kann, einfach Hilfe holen. Auch für Erwachsene gilt das Montessori-Motto: „Hilf mir, es selbst zu tun." Es geht darum, Unterstützung zu holen, die mir zeigt, wie es geht – und dann kann ich es das nächste Mal selber.

Meine grundsätzliche Bildungskritik ist ja, dass wir den Kindern die Freude am Lernen versagen – und das müssen wir auch als Erwachsene immer wieder tun: lernen, lernen. Wir stellen uns viel zu selten dem Neuen, wir haben leider viel zu wenig kindliche Neugierde, um uns in neuen Bereichen auszutesten. Aber genau das ist wichtig, um positive Erfahrungen machen zu können.

Vielleicht trauen sich viele Erwachsene oft nichts Neues zu, weil sie Angst vor dem Scheitern haben?

Das „Nichtkönnen" gibt es eigentlich nicht. Es heißt eher NOCH nicht können. Auch scheitern gibt es nicht! Allein die Titulierung „scheitern" ist schon falsch. Ja, es gibt schmerzhafte, anstrengende Erfahrungen – aber nicht die Polarisierung von gut und schlecht. Wenn ich in Differenzierungen denke, kann ich auch ein nicht so erfreuliches, traurig machendes oder belastendes Ereignis positiv umdeuten. Ich kann an schwierigen Situationen verzweifeln – oder daran wachsen, wenn ich selbst aus dem Dilemma gefunden habe.

Es gibt keine falschen Wege, wenn man kreativ bleibt. Wenn man zulässt, dass ein anderer Weg nicht ein falscher Weg ist, sondern ein toller Umweg sein kann. Ganz wichtig ist zu verinnerlichen: ICH treffe die Entscheidung. Und nicht: Andere treffen eine Entscheidung für mich. Wenn du Frustrationstoleranz gelernt hast und dir einiges zutraust, dann hast du auch Spaß daran, für dich zu entscheiden. Das ist eine Mündigkeit, die so viel wert ist! Sie gibt dir die Sicherheit, dass deine Entscheidung nicht falsch sein kann.

Das Wichtige ist also, zu lernen, dass es kein Scheitern gibt?

Ja, es geht um Zutrauen. Zutrauen zu mir! Es ist kein Scheitern, wenn ich Schiss bekomme, auf mich höre und dann reagiere. Dann fahre ich halt nur ein klitzekleines Stück. Schon der erste, wenn auch vielleicht nur kleine Schritt ist eine riesige Erfahrung. Wichtig ist, dass DU entscheidest, wie groß der Schritt und dein Tempo sind. Die klitzekleinste Strecke kann schon das Universum sein! Man muss sich nicht vergleichen! Es muss nicht immer weiter und besser sein. Es geht um das ganz eigene Empfinden. Man darf sich Zeit lassen und selbst bestimmen.

Aber ich finde, dass man genau das eigentlich nur im Alleinsein wirklich lernen kann.

Richtig, denn zu zweit ordnet man sich unter oder es wird drübergebügelt. Dabei kommst du auch selten an deine eigene Grenze, denn man ist ja zu zweit vermeintlich stärker - oder hört dann eben nicht so sehr auf seine eigenen Unsicherheiten. Zum Lernen der ganz eigenen Selbstwirksamkeit muss man die eigenen Grenzen ausloten, respektieren und dann daraufhin selbst entschieden handeln.

Aber muss ich zum Lernen auch über meine Grenzen gehen? Geht das Trainieren von Selbstwirksamkeit nicht einfacher?

Na ja, die eigenen Grenzen muss man erkennen lernen – und dann ein Stück drüber gehen, um zu Neuem zu kommen. Allerdings kann man das Gesamtgefühl der Selbstwirksamkeit immer wieder auch auf einfacheren Ebenen üben, um dort positive Resonanz zu erhalten. Kinder wachsen sehr stark an der Resonanz, die sie häufiger als wir durch Lob von wohlmeinenden Erwachsenen bzw. Kumpels bekommen. Oder sie fordern klarer Feedback ein: „Mami, guck mal …" Das machen wir Erwachsene nicht so oft. Wir bitten nicht so häufig aktiv um Feedback oder wiegeln Komplimente schnell ab.

Wenn ich merke: Das ist eine Grenze, die ich einfach nicht zu überschreiten wage – kann ich mich dann in anderen Bereichen austesten? Und dort lernen, mir etwas zuzutrauen?

Ja, wenn ich in einem Bereich besonders gut bin und dort sehr positive Resonanz bekomme, dann traue ich mich leichter auf andere Felder. Wie Kinder, die toll klettern – die trauen sich auch zu, weit zu springen. Sie haben ein gutes Gefühl, was sie ihrer Sportlichkeit zumuten können. Man sollte allerdings aufpassen, dass man nicht durch zu hohe Anforderungen (denn darin sind ja Erwachsene ganz stark) zu oft negative

Erfahrungen macht und negative Resonanz bekommt.

Ist es eigentlich genau so wirksam wie Resonanz von außen, wenn ich mir selber auf die Schulter klopfe? Gerade beim Alleinreisen ist da ja keiner, der mich super findet ...

Ja, unbedingt! Eine positive Selbstverstärkung ist nie falsch! Aber es macht sicher Sinn, in manchen Situationen jemand Vertrauten anzurufen, um zu erzählen. Man ist schon auch auf das Feedback von anderen angewiesen, um sich zu bestätigen. Die Erfahrung, die du aber gemacht hast, stärkt von allein dein eigenes Zutrauen – da brauchst du niemand anderen dazu.

Übrigens sind viele Burn-out-Fälle dem geschuldet, dass die Menschen keine Selbstwirksamkeit in ihrem Umfeld spüren. Die meisten wirken nur noch in ihrem kleinen Segment, können aber den großen Zusammenhang nicht überblicken und damit nicht erkennen, dass ihre Arbeit tatsächlich wirksam ist. Wenn man sich so verloren fühlt in diesen komplexen (Arbeits-)Abläufen, muss man unbedingt zusehen, dass man in kleinen Zusammenhängen etwas bewirkt: in der Familie, im Ehrenamt oder für sich selbst wie beispielsweise auf Reisen. Denn für deine Touren bist du ganz allein verantwortlich – dein Auto, deine Strecke, deine Entscheidungen –, das lässt dich dich wirksam fühlen.

Danke, Katrin, für deine erhellenden Worte. Magst du mir noch verraten, was dir für dein Leben Sinn gibt?

Mein Sinn ist das Leben selbst, es zu genießen, es verantwortungsvoll zu leben. Wenn ich dieses Leben in all seinen Schönheiten, Widrigkeiten, Herausforderungen – in dieser vollkommenen Fülle – als Geschenk betrachte, bin ich zutiefst dankbar. Es bereitet mir eine unendliche Freude, diese Dankbarkeit ans Leben zu spüren – das ist für mich der Sinn meines Lebens.

Das Leben als Geschenk betrachten.

Mehr zu Katrin Moser und ihrer wunderschönen Kunst-Werkstatt in München findest du auf ihrer Webseite:

www.kinderwerkstatt-neuhausen.de

Mein Tipp

WIRKSAME HELFER IN ALLEN LEBENSLAGEN

Ich habe nur sehr wenig Gepäck dabei, aber es gibt einige Dinge, ohne die ich nicht losfahre, um sicher unterwegs und ein paar Tage lang autark zu sein:

TECHNIK- UND FAHRZEUGKRAM

★ **Voller Reservekanister** (gasdicht, damit der Innenraum geruchslos bleibt)
★ **Starthilfekabel** und/oder eine gute Powerbank (siehe ab Seite 130)
★ Ein Set **Ersatz-Glühbirnen** (in Ländern wie Slowenien oder Kroatien Pflicht)
★ **Feuerlöscher** – ein gutes Gefühl, wenn er griffbereit liegt
★ **Zwei Auffahrkeile**
★ Kleiner **Kompass** am Armaturenbrett und **Landkarten in Papierform**
★ **Warndreieck** und **Erste-Hilfe-Kasten**
★ Mehrere **Warnwesten** (auch für zufällige Beifahrer/Tramper)
★ **Grundausstattung an Werkzeug** plus Gaffa-Tape, Sekundenkleber, Draht, Schnüre (für kleinere Reparaturen wie Lampen tauschen, Griffe festschrauben, Scheibenwischer wieder befestigen) sowie eine Axt für Feuerholz

LEBENS- UND LUXUSARTIKEL

★ **Trinkwasser im Überfluss** – der Frischwassertank sollte mindestens zu einem Viertel voll sein. Abwasser leere ich, so oft es geht, um nicht unnötig Gewicht zu schleppen. Meine zehn Trinkwasserflaschen werden an jeder vertrauensvollen Stelle gefüllt, zum Beispiel an Brunnen, die auch Einheimische nutzen, kleinen Quellen, vertrauenswürdigen Autobahnraststätten ...

★ **Nahrung** – wenig nervt mehr, als wenn man den spontanen Freistehplatz verlassen muss, weil Wasser, Strom oder Nahrung ausgeht. Also habe ich immer genug haltbaren Vorrat für mindestens drei Tage an Bord (Nudeln, Schüttelbrot, Fertiggerichte etc.).

★ **Hängematte** – für schönes Chillen, auch über matschigem, felsigem, vielleicht sogar ekelig-dreckigem Boden.

★ **Ohrstöpsel** – hilfreich gegen Disco-Musik von nahe gelegenen Clubs, rasende Motorradgangs, Froschchöre oder laut schnarchende Platznachbarn.

STROMVERSORGUNG

★ Eine **sehr gute Outdoor-Kabeltrommel** mit 50 Meter Kabellänge, mit der man auch weiter entfernten Strom, zum Beispiel von der Beachbar, zapfen kann.

★ Nahezu unendlich kann Strom durch eine **Brennstoffzelle** (s. Seite 49), eine **Windturbine** oder **Solarstrom** erzeugt werden. So wird die Bordbatterie aufgeladen, mit der du dann genügend Licht hast, die Wasserpumpe oder die Standheizung laufen lassen kannst ...

★ Genug **geladene Ersatz-Akkus** für Handy, Fotoapparate etc.

★ Eine **volle Power-Bank** – idealerweise so dimensioniert, dass man unbesorgt Strom (etwa zum Arbeiten) vorrätig hat. Ich habe das CamperCase® der Firma autarker.de: In diesem Koffer stecke ich direkt mein Laptop an – so kann ich ein Stück vom Auto entfernt arbeiten, dabei mein Handy laden, eine Lampe zum Lesen benutzen usw ... ein Traum! Aufladen kann man das Case während der Fahrt, natürlich mit Landstrom oder einfach mit dem dazu erhältlichen, tragbaren Solar-Panel SolarFlex®.

Mehr Infos zum CamperCase® findest du auf meiner Webseite oder direkt bei: www.autarker.de

Dennis hat mir nicht nur tolle Offroad-Tipps gegeben (siehe ab Seite 180), sondern auch folgende Listen mit Utensilien zusammengestellt, die er allen Wohnmobilfahrern empfehlen würde, die sich gerne auch etwas abseits perfekter Straßen bewegen möchten:

DIE RICHTIGEN REIFEN

Wer nicht nur auf asphaltierten Straßen unterwegs sein möchte, für den machen bereits **All-Terrain-Reifen (AT)** einen großen Unterschied, besonders wenn der Untergrund nicht ganz trocken ist. Sie bieten bessere Haftung und sind durch verstärkte Flanken widerstandsfähiger gegenüber scharfen Steinen.

HILFREICHE UTENSILIEN FÜR SELBST- UND FREMDBERGUNG

★ Ein **gleichwertiger Ersatzreifen** und mindestens ein **guter Wagenheber** (besser zwei), der auch auf loserem Untergrund funktioniert.

★ **Anfahrhilfen** können einem das Leben sehr erleichtern. Es müssen nicht immer die sperrigen, schweren Sandbleche aus Alu oder Stahl sein. Mittlerweile gibt es faltbare und leichte Varianten, die auch perfekt als Unterlegkeil oder zum Unterlegen des Wagenhebers funktionieren.

★ Ein **Reifenreparaturset** kann viel Ärger ersparen und nimmt kaum Platz weg.

★ Ein **kleiner Kompressor zum Aufpumpen der Reifen** – sehr hilfreich und weder teuer noch sonderlich platzraubend.

★ Natürlich sollte eine vernünftige **Schaufel** nicht fehlen.

★ Zudem empfiehlt sich ein **dynamisches Bergeseil** (anstelle des normalen Abschleppseils), in das sich das ziehende Fahrzeug mit etwas Geschwindigkeit hineinfahren kann, da es sich wie ein Bungee-Seil verhält. Die Zugkraft wird durch das Seil abgefedert, die Kraft aber trotzdem voll übertragen. Besonders bei modernen Fahrzeugen sollte darauf geachtet werden, dass das Seil vorne und hinten befestigt werden kann. Dafür gibt es meist Einschraubösen, die allerdings gern über die Jahre verloren gehen.

SPEZIELL FÜR ALLEINFAHRER

Besonders wer oft allein unterwegs ist, kann über eine **gute Front- und Rückfahrkamera** nachdenken. Sie hilft aber nur dann wirklich, wenn sie an einer Position angebracht ist, die es einem ermöglicht, Bodenunebenheiten zu erkennen.

Glück
ist der Zustand
des still lachenden Eins-Seins
mit der Welt.

Hermann Hesse

9.
Einsamkeit aushalten,
Alleinsein genießen

Russland, Ostsee | Wieder „entlässt“ mich meine Familie dankenswerterweise für eine Sommertour als „Solistin“. Inmitten meines so vollen, atemlosen und lebendigen Alltags sind diese Solotouren mein Lebenselixier und gehören zu meinen größten Lebensfreuden. Der Plan des diesjährigen Roadtrips ist: geradeaus hinauf in den Norden, in Hamburg rechts abbiegen und, immer an der Meereslinie entlang, einfach der Ostseeküste folgen. Mal sehen, wie weit ich komme: Alles ist offen, alles – bis auf die Visa für Russland – ist wie immer herrlich ungeplant.

Gleich bei der Autobahnauffahrt picke ich die erste Herzbegegnung dieser Reise auf: den Tramper Momo, der mir schon bei unserem ersten Wortwechsel enorm sympathisch ist: „Wohin?“ „Ach, dahin!“ Trotz seiner jungen Jahre reist er ganz bewusst durch die Welt und vor allem durch sein Leben, und ich freue mich sehr über seine Leidenschaft, mit der er seine Zukunft beschreibt. Fröhlich stellen wir fest, dass unser beider Lebenssinn die Kommunikation ist, dass uns beiden nichts wichtiger ist, als zu verbinden und verbunden zu sein. Und beim Anblick des riesigen Regenbogens sind wir uns einig, dass sich keiner von uns auf die Suche nach dem verborgenen Schatz am Ende des Bogens machen muss – einfach weil wir genügend Schätze in unserem Leben besitzen: unsere Liebe und unsere Lieben.

Mit gefühlt aller Zeit der Welt (ich habe mir ganze sechs Wochen Freiheit genommen!) lasse ich mich plan- und ziellos von der Küstenlinie zu meiner Linken an der Ostsee entlangführen. Ich schaudere beim Anblick der (im August) hoffnungslos überfüllten Strandbäder, ärgere mich über ebensolche Campingplätze und die unmöglichen Freistehoptionen und stolpere hinüber nach Polen. Den Wechsel des Landes bemerke ich nur, weil die Straße plötzlich aus Kopfsteinpflaster besteht, die Preistafeln erschreckend hohe Zahlen anzeigen (weil Zloty) und überall Schilder „Zigaretten billig“ schreien.

Ziemlich langsam bewege ich Franz weiter Richtung Osten, Russland entgegen. Ich will mich noch ein wenig in Masuren umsehen, habe von einem netten Ort am See gelesen, dort möchte ich hin und am nächsten Tag dann über die Grenze nach Kaliningrad. Der Ort erweist sich aber als fiese Tourihölle im Nachsaisonblues, mit entsprechend unsympathischen Campingplätzen. Mein Bauchgefühl ruft ein deutliches „Nein“ zu diesen Orten und möchte lieber woanders nach einem schöneren Platz suchen. Aber – Mist! – nach dieser Ansammlung von Campingplätzen gibt es keinen einzigen mehr, nirgendwo! Es beginnt zu dämmern. Das macht mich nervös. Ich gebe mehr Gas, werde ungeduldig, heize durch den Wald und zermartere mir den Kopf, wie ich jetzt mal wieder einen guten Schlafplatz finden soll. Sollte ich lieber zurück zu den unsympathischen Campingplätzen fahren? Und da, völlig unerwartet nach einer Kurve – zack: Zaun, Schlange, Stillstand. Ach, wie ich mich ärgere!!! Ich bin gefangen vor der Grenze nach

Russland. Dass ich so nah bin und direkt darauf zusteuere, habe ich nicht geahnt, weil ich mich ja ohne Navi bewege. Umdrehen ist (wegen des Zauns entlang der Warteschlange) unmöglich, und ich ahne, dass es ewig dauern wird, hier durchzukommen. Ich grummle über diesen völlig unnötigen (Anfänger-)Fehler: Man sollte sich nie zu spät an solchen Grenzen einreihen, um nicht in die Dunkelheit zu geraten. Zunehmend fühle ich mich sehr unwohl. Um mich herum nur (finster aussehende) Männer, die mich anstarren und über mich reden. Ich mag hier nicht sein, komme aber nicht mehr aus der eingezäunten Spur heraus. Also bleibt mir nur, mich möglichst gemütlich einzurichten. Während des Wartens mache ich mir eine Brotzeit im Franz, lese, höre Musik, schotte mich gegen außen und die Blicke ab. Doch das Unwohlsein nimmt mit der Sinkgeschwindigkeit der Sonne zu.

Fast drei Stunden dauert es, bis Polen und Russen gleichermaßen unfreundlich und gründlich Pass und Kfz-Papiere gecheckt haben und der letzte Grenzer mich nach genauer Inspektion aller Schränke in die tiefe Dunkelheit entlässt. Es fühlt sich überhaupt nicht gut an, als ich mich von der beleuchteten Grenzsstation auf die tiefdunkle Straße rollen lasse. Zum Glück ist Kaliningrad (zwar auf Kyrillisch, aber mit Fantasie lesbar) überall groß angeschildert und die autobahnähnliche Straße perfekt fahrbar. Ich – sonst aber niemand – halte mich strikt an die Geschwindigkeitsangaben und ignoriere, dass ich mit „Langsamkeit" nerve. Wenige Kilometer nach der Grenze versagt das (geliehene) Navi, weil es keine russischen Karten hat. Ich hatte beim Warten an der Grenze einen (hoffentlich geöffneten) Stellplatz neben einem Hotel recherchiert, den ich jetzt per Adresse zielgenau und zügig ansteuern wollte, aber ohne Navi wird das schwierig. Die kurz aufkommende Idee, irgendwo im russischen Outback zu übernachten, verwerfe ich prompt: Davor habe ich schlicht Schiss. Ich bin ausgesprochen schlecht gelaunt, es ist stockdunkel und ich damit ziemlich orientierungslos, was mich enorm stresst. Auch fühle ich mich unwillkommen, völlig schutz- und haltlos. Jetzt brauche ich dringend Geborgenheit, die mir nur ein offizieller Stellplatz geben kann. Ich muss also weiterfahren und hoffentlich diesen einzigen Strohhalm, den besagter Hotelparkplatz für mich bietet, finden, um entspannt übernachten zu können.

... OH, THE ROAD IS LONESOME, BEFORE YOU TRAVEL ON IT ...

"THE ROAD IS LONESOME" VON CLUB DES BELUGAS

Ich versuche auf dem Handy, das ich in der Hand halte, weil ich keine Halterung dafür habe, die Landkarte zu checken, Franz gleichzeitig dem zunehmenden Verkehr anzupassen und mich über die Beschilderung zu orientieren. Wie perfekt wäre jetzt ein Beifahrer! Einer navigiert, beide lesen die Straßenschilder, der andere fährt – so müsste es sein! Mein Genervtlevel steigt, ich beginne, mich selbst zu bemitleiden. Warum muss ich auch immer alleine losziehen?

Nur extrem zeitverzögert zeigt das Handy meine Position an. Ich muss raten, wo ich bin und was ich tun muss. Währenddessen wird die Autobahn zur Baustelle, vielmehr zu einem Chaos aus unbeleuchteten Schotterbergen, verbogenen Leitplankenrelikten, seltsam wirren Schildern und holprigen Kurven in alle Richtungen. Es beginnt zu regnen, und das aufspritzende Wasser der verschlammten Straße verschlechtert die Sicht noch mehr. Ich kurble mein Seitenfenster hinunter, um ab und zu Blicke nach vorne werfen zu können. Aber eigentlich sehe ich in dieser Stockdunkelheit gar nichts. Ich weiß auch nicht, wohin ich soll – das Handy ortet mich nicht mehr, und ich fluche sehr laut und ausdauernd: „Immer muss ich alles alleine machen!" Laut krachend rumpelt Franz durch ein tiefes Schlagloch – ich kreische erschrocken auf. Matschspritzer, Starkregen, Dunkelheit, entgegenkommende Scheinwerfer und an mir vorbeipreschende Rücklichter. Ich sehe einfach gar nichts und bleibe am „Straßen“rand, halb auf einem Kieshaufen, einfach stehen. Warnblinker an, um Google Maps genauer zu betrachten und mich überhaupt mal zu orientieren. Wo bin ich? Wie gerne würde ich jetzt einfach meinen Kopf aufs Lenkrad sinken lassen und nichts mehr weiter tun. Meine Augen füllen sich mit Tränen, so verloren und verlassen fühle ich mich gerade. Die russischen Autos stauen sich hinter Franz und quetschen sich rumpelnd an mir vorbei. Immerhin hupen sie nicht – vielleicht verstehen sie meine Situation, als sie das deutsche Kennzeichen sehen, oder generell die Verwirrung auf dieser Baustelle? Ich rufe mich zur Ordnung: Jammern hilft nichts, stehen bleiben macht keinen Sinn, ich will hier weg! Also versuche ich, mir trotz Dunkelheit und Orientierungslosigkeit die Richtung des Stellplatzes einzuprägen, und holpere quer über die Baustelle zur gegenüberliegenden Ausfahrt. Ein U-Turn ist wahrscheinlich auch auf Russlands Autobahnen nicht so üblich, aber gerade ist mir alles so was von egal – ich will hier nur weg!

Und tatsächlich: Dank meiner Navigationsspürnase und einer übergroßen Neonschrift an der Hausfassade gelange ich endlich ans gewünschte Ziel: angepeiltes „Hotel Baltika“ gefunden, eingecheckt, geparkt! Es ist der einzige „Campingplatz“ in der ganzen Oblast Kaliningrad: eine kleine Wiese hinter einem riesigen Hochhaus. Hier parke ich als einzige Besucherin in absoluter Dunkelheit. Es ist schon sehr spät, ich fühle mich sehr erschöpft und müde – dennoch stelle ich mich noch auf ein Bier neben mein tapferes Auto und feiere mich, die tapfere Fahrerin!

Wieder habe ich eine schwierige Situation bravourös alleine gemeistert. Aber diesmal bin ich eher unfroh als stolz. Ich kämpfe mit Unsicherheit: Ist es vielleicht gar nicht so schlau, alleine in diese sehr abgelegenen (russischen) Ecken zu fahren, wenn alle Umstände nach zwei Augenpaaren verlangen? Überstrapaziere ich mein Glück bzw. meine Zuversicht als Problemlöserin? Heute hätte ich das erste Mal, seit ich alleine unterwegs bin, auch im Nachhinein wirklich lieber eine Begleitung dabeigehabt, statt mich – nur auf mich gestellt – durchkämpfen zu müssen. Derart verloren, teilweise sogar überfordert habe ich mich tatsächlich noch nie gefühlt.

Bei diesem Gedanken erwischt mich ein massiver Einsamkeitsanfall. Manchmal ist es schlichtweg nicht schön, sich in unguten Momenten immer und immer wieder nur auf sich selbst verlassen zu müssen. Manchmal reicht die eigene Motivation nicht zur Aufheiterung. Manchmal wären zugewandte Worte und Zuspruch von außen sehr wichtig. Gerade jetzt hätte ich gerne jemanden, der ebenso stolz auf mich ist wie im Grunde ich selbst. Aber da ist jetzt keiner – der einzige Mensch weit und breit, der extrem unfreundliche Rezeptionist (den ich beim gemütlichen Fernsehabend gestört habe), wollte meine Story augenscheinlich nicht hören! Machte nicht mal den Versuch eines Zurücklächelns …

Es kommt immer wieder mal vor, dass ich mich einfach nur einsam statt alleine fühle. Aber an diesem Ort fühle ich mich wahrlich verloren. Die finstere Nacht im finsteren Russland tut ihr Übriges. Und das überdimensionale, fast unbeleuchtete (unbewohnte?), etwas schaurige Hotelhochhaus, annähernd inmitten der Großstadt Kaliningrad, in einem riesigen Land, mit dem unübersehbaren Gelände rund um die kleine Campingwiese bessert meine unterirdische Laune nicht. Ich bin total allein. Allein mit meinem Kumpel Franz: treu, tapfer, aber leider nicht besonders kommunikativ.

... SOME DAYS ARE JUST LONELY DAYS
SOME DAYS IT JUST RAINS
SOME DAYS ARE JUST LONELY DAYS
AND THEY DON'T BRING NOTHING BUT PAIN
AND IN THOSE TIMES, YOU KNOW HOW I FIND
IT JUST DON'T PAY TO CRY
JUST LIE IN THE SHADE AND DRINK
AND LET THE WORLD GO BY.

SOME NIGHTS ARE JUST LONELY NIGHTS
SOME NIGHTS THERE'S NO MOON
SOME NIGHTS ARE JUST LONELY NIGHTS
WHEN YOU'RE THERE ALL ALONE
AND WHEN THEY CALL, YOU JUST BE STRONG
AND PUSH YOUR WINDOW WIDE
AND LISTEN TO THE WIND IN THE TREES
AND LET THE WORLD GO BY ...

"LET THE WORLD GO BY" VON KARL BLAU

Jetzt aber Schluss mit dem Selbstmitleid! Ich will nicht jammern, meine Zeit nicht in dieser trüben Gedankenwolke verbringen, sondern versuche mir klar zu werden, warum ich mich gerade jetzt so einsam fühle, nicht einfach nur allein. Ich überlege: Mein Begriff vom Alleinsein verwandelt sich dann in den der Einsamkeit, wenn mir die Verbindung zu anderen Menschen fehlt. Oder wenn ich zu mir selbst keine Verbindung habe, mich nicht spüre, mein Selbst sich nicht gut in der Welt aufgehoben fühlt. Einsam statt allein fühle ich mich also, wenn ich mich weder im Außen verbunden fühle (den Moment und den Ort nicht genießen kann), noch mich in mir selbst umarmen kann (mich nicht geborgen fühle). Einsamkeit ist schlicht Verbindungslosigkeit.

Hier und jetzt, auf diesem Platz, kann ich weder irgendetwas um mich herum schön finden (außer meinen tröstlichen Franz natürlich), noch kann ich mich gut fühlen – aber ich will auch nicht weiter in dieser schwarzen Tristesse hängen bleiben. Weil niemand bei mir ist, kann ich weder jemanden verantwortlich machen noch hoffen, aufgemuntert zu werden. Nur ich selbst kann mir aus dem Jammertal helfen und Einsamkeit in Alleinsein verwandeln. Nur ich kann Verbindung aufbauen, wieder in Kontakt mit Menschen und mit mir treten ... morgen. Heute bin ich zu müde. Heute will ich es mir nur noch gut gehen lassen, so gut es eben auf diesem Platz geht. Gegen die unheimliche Umgebung schotte ich mich nach außen ab und treffe alle Sicherheitsvorkehrungen. Gegen die Dunkelheit flute ich Franz mit Licht. Gegen die triste Stille lasse ich meine Lieblingsplaylist leise laufen. Ein Tee, ein Buch, ein paar Nachrichten an und von Zuhause, eine Wärmflasche … schon ist Frieden eingekehrt, hat sich das brennende Unwohlsein in heimelige Ruhe gewandelt. Dank sei meinem wundervollen Franz-Nest!

Beim Aufwachen stelle ich fest: Ich mag auch solche Momente … irgendwie. Wann bin ich mehr bei mir selbst, als wenn ich realisiere, dass ich nur noch auf mich zurückgreifen kann? Dass nur ich allein für mein Seelenheil zuständig bin? Niemand, den ich für meine schlechte Stimmung verantwortlich machen kann, und niemand, der mir besser tun kann als ein gut gelauntes, starkes, zuversichtliches Ich. Ich mag es, mich dabei lebendig zu fühlen, denn ebenso wie das Erleben von unfassbaren Glücksmomenten gehören eben auch Traurigkeit und Genervtsein zu meinem Leben – beide Gefühle lassen mich mich spüren. Ja, nach Überwindung eines Trübsalanfalls ist es einfacher, sich darüber zu freuen – aber versuche mal daran zu denken, wenn du im Einsamkeitstal gefangen bist. Bemerkenswert ist:

Allein durch eigene Stärke ist jeder Zustand veränderbar.

Im Gespräch

... MIT ELISA, ALLEINREISENDE UND BLOGGERIN „TAKE AN ADVANTURE“

„Ich habe aufgehört, bei den Dingen, die mir im Leben wichtig sind, ‚irgendwann‘ zu sagen. Denn irgendwann ist nur ein anderes Wort für nie.“
Eine Wahrheit, die Elisa wirklich lebt – und in ihrem tollen Blog wunderschön beschreibt. Es ist eine wahre Freude und Inspiration, ihre Texte zu lesen und die schönen Bilder dazu zu betrachten!
Im Gespräch unterhalte ich mich mit ihr über unsere Vorliebe: das genussvolle Alleinreisen.

Wir haben lustigerweise sehr viele Gemeinsamkeiten, Elisa ... die größte aber ist wohl unsere grundsätzliche Reiselust, das Bedürfnis, möglichst oft „on the road“ und draußen zu sein! Was ist deine Motivation? Ist es Fernweh? Flucht vor dem Alltag? Oder geht es dir schlicht um das Unterwegssein?
Meine Reiselust ist pures und unbändiges Fernweh. Zum Glück besteht mein Leben zu Hause aus keinem klassischen Alltag, es gibt hier nichts, vor dem ich fliehen müsste. Trotzdem zieht es mich immer wieder hinaus in diese absolut abgefahrene Welt mit ihren vielen versteckten Ecken und großartigen Landschaften. Jede Reise ist ein neues Abenteuer, verbunden mit Geschichten, die sich in Wort, Bild und Geruch im Gedächtnis festsetzen. Und dieses Geschichtsbuch möchte immer weiter gefüllt werden.

So unterschiedlich deine Reisen sind: alleine im Van durch Europa, mit deinem Mann im Jeep und Dachzelt durch Kanada oder in einer Gruppe per Lkw durch den Orient – warum brichst du auf? Was suchst du?
Ich sage immer gerne, dass ich nach diesem einen speziellen Moment suche. Dieser Moment hat keine Definition oder Ortsangabe, und ich könnte niemals beschreiben, was ihn genau ausmacht. Erst wenn er da war, weiß ich, dass ich ihn gefunden habe. So erging es mir auf meiner vorletzten Reise, als ich im Morgennebel bei Temperaturen knapp über null Grad in einem kleinen Kanu auf dem großen Yukon River saß. Und dort die ein oder andere Freudenträ-

ne verdrückt habe beim Anblick der makellosen Schönheit unserer Natur. Ich möchte unzählige Momente wie diesen erleben, ich möchte die Welt in all ihrer Vielfalt sehen. Und mich immer wieder aufs Neue überraschen lassen. Darum breche ich auf.

Und kannst du irgendwie benennen, welche Form des Reisens dir am meisten „gibt"?
Das trifft immer dann zu, wenn ich total unabhängig bin und frei entscheiden kann. Die Kombination aus Camping und Roadtrip ist die Form, die über allem steht. Wenn die Natur zum Mittelpunkt, der Kaffee am Morgen mit Blick über Wald und Wiesen zum Hochgenuss und das Lagerfeuer am Abend zum Highlight wird. Ich habe in meinem Leben diverse Arten des Reisens ausprobiert und bin sehr froh, für mich mittlerweile die perfekte Variante gefunden zu haben – das Reisen in meinem VW Bus.

Hat dich ein Moment oder ein Ort in der Ferne so geprägt, dass Du wirklich verändert nach Hause gekommen bist? Oder anders gefragt: Hast du das Gefühl, dass dich das häufige Woanderssein zu einem anderen (besseren?) Menschen macht?
Zu einem anderen Menschen sicherlich, ob zu einem besseren, das kann ich nicht beurteilen. Das Reisen hat mich definitiv mutiger und gelassener gemacht. Ich kann die Veränderung nicht ganz genau auf einen Ort fixieren, schlussendlich ist es wohl die Gesamtheit der Reisen in die unterschiedlichsten Länder. Mit jeder Tour habe ich immer mehr festgestellt, was ich wirklich will und worauf ich meinen Fokus legen möchte. Keine Stadt der Welt kann mir das geben, was mir eine unverbaute und ländliche Landschaft gibt. Und auch der Stellenwert von materiellem Besitz und finanziellem Reichtum hat sich über die Jahre gewandelt – er ist quasi nicht mehr vorhanden.

Wenn ich wieder daheim bin, tragen mich die Bilder der Reise durch den Alltag – monatelang. Welches Bild begleitet dich am stärksten?
Das kenne ich nur zu gut! Bilder und Momente tauchen in den Wochen nach einer Reise immer wieder unvermittelt auf, zusammenhangslos und in den verschiedensten Situationen. Ich bin ein Tagträumer; da kann es dann schon mal passieren, dass ich mich minutenlang darin verliere. Dabei ist es nie ein bestimmtes Bild, sondern immer die Summe aus vielen, wie eine Bilderreise in die nahe Vergangenheit. Alleine zu reisen ist vielleicht egoistisch, aber die pure Freiheit!

Wie ich schwärmst ja auch du sehr für das Alleinreisen. Was genau findest du daran so herrlich?
Die Unabhängigkeit und eben diese pure Freiheit. Für spontane Planänderungen muss man sich nicht recht-

fertigen, und den eigenen Gedanken kann man endlich mal freien Lauf lassen, ohne Ablenkung. Ich muss auf niemanden Rücksicht nehmen, was, das muss ich gestehen, schon eine ziemlich egoistische Art des Reisens ist.

Du stehst ja auch ganz gerne mit deinem Van abseits und genießt die Stille um dich. Gab es Momente, in denen du dich unwohl gefühlt hast, als du – bzw. weil du – allein unterwegs warst?
Es gab in der ganzen Zeit nur einen einzigen Moment, damals auf den Lofoten. Und der Grund dafür war einfach eine zu blühende Fantasie. Ansonsten genieße ich solche Zeiten in vollen Zügen und habe noch nie schlechte Erfahrungen gemacht.

Ganz unter uns: Wenn ich (die seltenen Male) Alleinreisende sehe, dann entfleucht mir schon auch spontan (wenn auch nur ganz kurz) ein mitleidiger Gedanke, dass derjenige so allein ist ... passiert dir das auch?
Haha ... na ja, manchmal vielleicht. Eigentlich habe ich aber eher den Drang, zu dieser Person hinzugehen und sie nach ihrer Reise zu fragen. Woher sie kommt, wohin sie geht, ob sie Lust auf ein Bierchen hat und ob sie einen schönen Stellplatz empfehlen kann.

Ich werde häufig darauf angesprochen, dass nicht nur das Alleine-unterwegs-Sein unvorstellbar ist; noch krasser ist für viele offenbar, als FRAU allein zu fahren. Wirst du das auch gefragt? Warum, glaubst du, ist das so eine absurde Vorstellung für die meisten Menschen?
Ja, ab und zu. Manchmal ärgert es mich, manchmal ist es mir egal. Das Ganze ist sicherlich noch immer den Wertvorstellungen aus dem letzten Jahrhundert geschuldet, vielleicht liegt es aber auch ein bisschen an uns Frauen selber. Viele bedienen noch immer die Rolle des „schwächeren" Geschlechts und möchten daran auch nichts ändern.

Du bist schon sehr lange in einer Beziehung und warst trotzdem wochenlang allein unterwegs. Ich kann mir nicht vorstellen, dass eure Hochzeit etwas daran ändert, oder doch? Wirst du demnächst noch mal zum Alleinreisen kommen? Oder ist das im Moment gerade nicht dran?
Die Hochzeit war ein wunderschöner Tag, mit vielen tollen Augenblicken. Ich gehöre allerdings nicht zu den romantischen Menschen, und vielleicht deshalb, vielleicht aber auch aufgrund meines großen Drangs nach Freiheit, hat das ganze Event nichts am Status quo geändert – außer dem neuen Nachnamen.
Mittlerweile war ich schon wieder auf drei Kontinenten alleine unterwegs und möchte keine dieser Reisen missen. Natürlich genieße ich die Zweisamkeit unterwegs, wenn

man die schönen Situationen teilen kann, bin aber froh, dass ich die Wahl habe. Für mich ist gerade die Mischung perfekt und lässt Spielraum für eigene Ideen. Umso mehr freue ich mich auf jedes Wiedersehen nach einer Tour.

Warum sollte man dann aber überhaupt alleine reisen, wenn man doch die schönen Momente nicht teilen kann? Wenn beide gerne reisen: Welchen Mehrwert soll das Alleinesein unterwegs haben?

Ich bin der Meinung, dass man während einer Soloreise am meisten über sich selbst lernt. Genau dann zeigt sich die favorisierte Reiseart. Man merkt, wie mutig man sein kann oder dass die eigenen Grenzen ganz woanders liegen, als man je gedacht hatte. Ich habe manchmal das Gefühl, dass man als Paar auch nur zu zweit wahrgenommen wird: nicht mehr als Individuum, mit eigenen Vorlieben. Warum ist das Alleinreisen als Single etwas anderes als das Alleinreisen trotz einer Beziehung? Das habe ich noch nie verstanden. Ich könnte jetzt stundenlang philosophieren und schwärmen … vielleicht würde ich noch den Begriff „Persönlichkeitsentwicklung" in den Raum werfen. Wobei das irgendwie ziemlich trocken und fade klingt.

Auf jeder meiner Reisen habe ich besondere Herzbegegnungen mit inspirierenden Gesprächen. Und wenn möglich, frage ich mein Gegenüber dann nach dessen Sinn des Lebens. Ich habe schon viele Antworten in meinem Reiseblog aufgelistet und bin immer wieder beglückt über die verschiedenen Einstellungen zu dieser Frage. Wie würde denn deine Antwort auf meine Frage nach dem Sinn des Lebens lauten?

Der Sinn des Lebens? Der ist für mich ganz klar, und dafür tue ich alles:

Glücklich sein in jeder Minute.

Mehr zu Elisa Model und ihre vielen Reisen findest du auf ihrem wunderschönen Blog:

www.takeanadVANture.com

Mein Tipp

KOMMUNIKATION IST ALLES

Ja, manchmal fühle ich mich auf meinen Solo-Roadtrips einsam. Fürchterlich verloren. Dann hadere ich mit meiner Idee, immer und immer wieder alleine losziehen zu müssen, motze mich selbst an, warum ich immer die abgelegensten Campingplätze wählen oder, wenn ich ohnehin schon „lost in life“ bin, auch noch abseits aller übernachten müsse. Dann fange ich ein bisschen an zu jammern und mich selbst zu bemitleiden, und meist muss ich dann auch schon über mich und meinen Mimimi-Modus grinsen und kann mich aus diesem tristen Anfall herausarbeiten.
Tatsächlich ist es oft Arbeit, sich klar über die Gründe für dieses Gefühl zu werden. Ist es mein Inneres: schlecht gelaunt, müde, unbeachtet, nicht zufrieden mit dem Tag? Oder das Äußere: ungemütliche Umgebung, triste Wetterstimmung, undurchsichtige Dunkelheit? Ich habe viel darüber nachgedacht, wodurch bei mir Frustschübe ausgelöst werden, und mir zwei Strategien zurechtgelegt. Sie tun mir gut, aus meinem grauen Loch, das sich Einsamkeit nennt, herauszukommen:

IN VERBINDUNG TRETEN

★ Hole dir ein Lächeln von Fremden

Wenn Menschen in Sicht sind, trete ich mit ihnen in Verbindung. Es erfordert bei eigener schlechter Laune zwar echte Überwindung, freundlich zu sein. Aber es geht mir in diesem Moment nicht darum, beste Freunde zu finden oder ein tiefschürfendes Gespräch zu führen, sondern einfach nur um das Gefühl, dass es mich noch gibt. Dass ich wahrgenommen werde. Es reicht, im Café einen kurzen Plausch mit der Bedienung oder einen netten Wortwechsel mit dem Tankwart zu halten, vielleicht einer alten Dame über die Straße zu helfen oder der Straßenverkäuferin deutlich mehr als verlangt zu bezahlen, um ihr damit vielleicht eine Freude zu machen. Es geht darum, eine positive Reaktion abzurufen, ein Lächeln, ein herzliches Wort, einen freundlichen Blick zu erhaschen – und mir mit diesem Verbundensein mein eigenes Herz erwärmen zu lassen.

★ Nimm Kontakt auf mit deinen Lieben

Meine zweite Strategie ist gleichfalls Kommunikation: Bin ich, wie in der Dunkelheit Kaliningrads, allein auf weiter Flur, nutze ich die Vorteile unserer Zeit und nehme direkten Kontakt mit bekannten und/oder geliebten Menschen auf: Ich schreibe eifrig alle an. Manche bitte ich sogar direkt um eine schnelle Rückmeldung, weil ich mich so einsam fühle – das wirkt. Ich trete also in Fernverbindung und halte mich an dem goldenen Gedanken fest, dass es Menschen gibt, die vielleicht gerade jetzt an mich denken. Über Tausende Kilometer hinweg spüre ich eine wundervolle Verbundenheit unserer Herzen, tanke auf, was mir an Freundlichkeit geschickt wird, lächle über die Geschichten von daheim ... und bin nun wieder genießend allein, statt unglücklich einsam.

★ Telefonverbindung – ganz easy

Inzwischen ist die Telekommunikation europaweit so einfach geworden, dass du im Prinzip fast überall Empfang hast. (Tatsächlich habe ich die größten Funklöcher bisher in Deutschland erlebt.) In allen von mir bereisten Ländern hatte ich über meinen (Telekom-)Handy-Vertrag guten bis sehr guten Empfang: im Osten bis nach Russland, im Norden bis Estland, Finnland sowieso und auch im Süden bis Albanien und Griechenland. (Und nach Erfahrungsberichten von anderen ist es auch in Europas Westen unkompliziert.) Du brauchst also keine großen Sorgen haben, länger nicht erreichbar zu sein bzw. nicht in Kontakt treten zu können, wenn du mal „Streicheleinheiten" benötigst.

Einige Smartphone-Modelle lassen sich mit ländereigenen SIM-Karten zu günstigeren Verbindungspreisen bestücken. Diese Karten bekommst du unkompliziert in Kiosken oder Tankstellen, und sie sind in der Regel deutlich günstiger als ein deutscher Handy-Vertrag. Denn auch wenn das Roaming europaweit mittlerweile weggefallen ist, hat Deutschland mit die teuersten Telefontarife. Der Nachteil bei der Verwendung von Auslandskarten: Jede Karte hat natürlich eine andere Nummer, die man zu Hause erst einmal kommunizieren musst, bevor man erreichbar ist. Allerdings gibt es inzwischen auch Mobiltelefone – sogenannte „Dual-SIM-Handys" –, die über zwei Steckplätze für SIM-Karten verfügen. Das bedeutet, dass du deine Alltagskarte im Gerät lassen kannst (was wiederum bedeutet, dass du unter deiner üblichen Nummer erreichbar bist), während du daneben deine Auslandskarte platzierst, mit der du günstiger nach Hause kommunizieren kannst.

INTERNET ON THE ROAD

Ich kann nur deshalb so viel unterwegs sein, weil ich sehr diszipliniert von überall aus arbeite. Das ist nicht immer einfach, aber machbar, wenn man mit einigen Hindernissen kreativ umgehen kann und will. Für mich ist ein Arbeitsplatz mit den Füßen im Sand eigentlich alles wert! Inzwischen sind die Internetverbindungen beinahe überall stabil und schnell. In der Regel nutze ich folgende Möglichkeiten, um meine Arbeit von unterwegs erledigen zu können:

★ Freies WLAN

Auf den meisten Campingplätzen ist die WLAN-Nutzung inzwischen frei. Unterwegs zapfe ich gerne das freie Netz nahe gelegener Hotels an oder das weltweit wunderbare WiFi-Netz von McDonald's. In vielen Ländern werden sogar an den Café-Tischen die WLAN-Codes zur Bestellung gereicht, sodass du entspannt beim leckeren Kaffee deine Daten verschicken oder Mails empfangen kannst.

Achtung: Ich habe schon einige Warnungen aufgrund zu unbeschwerter Nutzung solch freier Netzwerkzugänge bekommen. Achte vorher darauf, dass die Firewall deines Laptops bestmöglich wirksam ist.

★ WLAN-Suche

Wenn ich dringend Internetzugang brauche (beispielsweise, um eine Route zu planen), aber kein freies WLAN zur Verfügung habe und auch keinen öffentlichen Hotspot finden kann, nutze ich eine App, die freie WLAN-Netze auf einer Online- oder Offline-Karte zeigt: die sogenannte **WiFi Finder App**.

★ Eigenes Handy als Hotspot nutzen

Wenn ich allerdings so weit abseits stehe, dass mich kein WLAN-Netz mehr auffangen kann – und das ist bei mir eher die Regel als die Ausnahme –, dann nutze ich einfach mein Handy als Router, indem ich die Funktion „Persönlicher Hotspot" aktiviere. Darüber kann mein Laptop die Verbindung zum Internet aufbauen und ich in gewohnt guter Geschwindigkeit in Kontakt mit der (Arbeits-) Welt treten.

★ Internetanlagen im Wohnmobil

Digitale Nomaden, die quasi immer in ihrem Van leben, nutzen fest verbaute Internetanlagen mit mobilen WLAN-Routern und externen Antennen. Verschiedene Technikexperten haben diese Art von Internetzugang als sehr gut beschrieben, beispielsweise folgende:

www.amumot.de

www.umiwo.de

Wenn du dir in dein Wohnmobil eine Anlage einbauen (lassen) willst, die unkompliziert und zuverlässig für deine Internetverbindung sorgt, solltest du die Firma autarker.de (s. auch Seite 145) kontaktieren:

www.autarker.de

Life begins
at the end of your comfort zone.

Neale Donald Walsh

10.

Face your fears:

Stärker als die Angst

Albanien | Und eines Tages ist es dann so weit ... Nie hätte ich erwartet, dass mir das mal passiert: solch pure Angst. Zitternd sitze ich am Seuer, ich atme kaum, feuere lautstark meinen Franz an, plärre laut meinen Schiss hinaus. Es kann nicht mehr weit sein ... Franz, bitte! Nur noch 300 Schritte, bitte, bitte bitte! Franz, die nächste Kurve noch! Ich sitze auf meinem Fahrersitz und heize meinen armen, völlig ungeeigneten Kastenwagen den Pfad steil nach oben. Ich muss im Schwung bleiben, um auf dieser steilen Piste nicht an Speed zu verlieren – und dann nicht mehr anfahren zu können. Es ist so schotterig, rutschig ... niemals käme Franz bei Stillstand hier wieder los.

Ich bin im Nirgendwo Albaniens, ganz weit abseits. So, wie ich mir das wünsche ... eigentlich. Denn eigentlich will ich nur auf einer schnellen Verbindung südwärts nach Griechenland. Schnell mal da hinüber ... dachte ich.

Ein paar Stunden vorher schlendere ich entlang des Flusses, lasse mich vom Osum Canyon begeistern und komme zufällig mit einem österreichischen Seniorenpaar bei einem Kaffee ins Plaudern. Da die beiden schon seit Jahren in Albanien leben, übersetzen sie meine Frage nach der folgenden Strecke an die Einheimischen neben uns. Sie deuten auf mein Gefährt, fragen, ob die Straße Richtung Süden damit zu machen ist. Die alten Männer wiegen gemächlich den Kopf, blicken sich und mich und Franz an und sind nicht sonderlich euphorisch, aber sie sagen einhellig: Ja, kann man machen. „Kann man" heißt für mich: kein Problem, wenn man nur will – und am Willen hat es mir noch nie gemangelt.

Also holpere ich am Ende der geteerten Fläche schwungvoll auf die Schotterpiste und fahre grinsend über eine schmale, halb verfallene Holzbrücke. Ach, wie ich diese Pfade liebe! Wie gerne ich im Abseits fahre. Ich bin im Glück. Franz rumpelt und wankt, ich singe laut und lasse mich entspannt und langsam vorwärts treiben. Griechenland ist laut Google Maps nicht weit, ich habe keinen Zeitdruck – und unendlichen Spaß am Fahren in Schrittgeschwindigkeit. Trotz der sehr tiefen Fahrrinnen, trotz wadentiefer Schlaglöcher und ausgewaschener Furten cruist Franz wacker über die schotterig-felsige Piste.

Nach einigen Kilometern kommt mir ein Minibus entgegen. Die Straße ist inzwischen nur noch fahrzeugbreit, hat aber immer mal wieder Ausweichbuchten. 20 Meter rückwärts fahrend mache ich dem Taxi-Bus Platz, und der junge Fahrer winkt von Weitem schon lachend seinen Dank zu. Als er seinen Wagen an mir vorbeiquetscht, ruft er grinsend etwas aus dem Fenster, und wir reichen uns die Hand. Die Passagiere gucken mich verdutzt, etwas irritiert an, heben aber alle lächelnd den Daumen nach oben! Ich strahle zurück und winke fröhlich. Etwas mitleidig denke ich beim Weiterfahren an die Reisenden, die in diesem Bus wahrscheinlich keinen so großen Fahrspaß haben wie ich. Aber

die Länge des Busses und dass hier offensichtlich eine Art Buslinie verkehrt, entspannen mich. Dann kann die Straße ja nur gut sein ...

Eine ganze Weile treibe ich lächelnd weiter so dahin, bis die Straße Fahrt aufnimmt: Von fahrzeugbreit wird sie fahrzeugschmal und hat nun weder Ausweichbuchten noch mehr als ein paar Zentimeter Platz hin zu Berg und Tal. Und wie auf Knopfdruck steigt sie in die gefühlte Senkrechte. Der Pfad klebt am Berg, der Abhang direkt an der Reifenkante, und der Schotter wird immer loser. Ich höre Franz' Unterboden immer öfter schrammen, gebe immer mehr Gas, die Kurven werden immer enger. Mein Herz klopft. Ich spüre, wie ich hektisch werde und anfange, diese Situation beschissen zu finden. Nein, hier muss ich weg! Das ist nichts für Franz. Ich habe kein Allrad, keinen Unterbodenschutz, keinen Jeep. Mein armer, alter, kleiner Peugeot-Boxer röhrt im ersten Gang auf voller Kraft, ich treibe ihn in höchstmöglichem Tempo durch die Haarnadelkurven den Berg hinauf. Und suche gleichzeitig zunehmend verzweifelt nach einer Möglichkeit zu wenden. Dem Irrsinn hier zu entkommen. Ich will hier nicht weiter! Ich habe Angst!!!

Kreischend ritzt der Fels ins Blech der rechten Seite, als ich mich an der Wand entlangdrücke, um mich möglichst fernzuhalten vom steilen Abhang links neben mir. Ich schreie Franz an, zittere mich durch die Kurven. Schweiß läuft mir über die Hände am Lenkrad: Ich habe keine Ahnung, was ich machen soll, wie ich mich hier retten kann – außer weiterzufahren! Ich darf nicht anhalten, kann nicht umdrehen ... Weiter! Aufwärts!

Am Scheitelpunkt einer extrem steilen U-Turn-Rechtskurve ist Schluss. Franz rutscht in eine tief ausgefahrenen Rinne, setzt krachend auf, stockt, die Reifen drehen durch – und mein Auto rutscht unhaltbar rückwärts, direkt Richtung Abhang. Ich springe auf die Bremse und reiße gleichzeitig mit voller Kraft am Hebel der Handbremse. Erst nach gefühlten Minuten kommt Franz zum Stehen. Stille. Ich steige aus, streichle Franz, blicke aber nicht in den knapp einen Meter entfernten Abgrund, sondern versuche, mich erst einmal auszuzittern. Lange atme ich mich in etwas Ruhe zurück; atme und lehne mich ans Auto. Als ich so weit wieder klar bin, betrachte ich die Situation und fasse einen Plan: hart einschlagen, ein Stück zurück um die Kurve rollen lassen, damit ich Anlauf nehmen kann, um diese Stelle auf der richtigen Spur mit noch mehr Speed nochmals zu probieren. Kaum kann ich die Handbremse lösen, so fest habe ich sie angezogen. Nur mit beiden Händen und verbissener Gewalt gelingt es mir, den Hebel zu lockern, und ich lasse mich ganz, ganz langsam rückwärtsrollen. Wegen der steilen Schräge sehe ich nichts hinter mir, weder die Straße noch den Abhang. Mir bleibt nichts, als mich mithilfe der Rückspiegel so nahe wie möglich entlang der Bergwand zu hangeln, aber schon nach ein paar Metern bleibe ich sicherheitshalber stehen. Ich steige aus und möchte mir die Straße hinter mir erst einmal betrachten. Nicht, dass ich einen Felsbrocken übersehe.

Völlig geschockt schlage ich mir die Hände vor die Augen, als ich sehe, dass ich nur rein zufällig im letzten Moment angehalten habe: Der rechte Hinterreifen ist gerade einmal zehn Zentimeter vom Wassergraben (zwischen Berg und Straße) entfernt. Wenige Zentimeter weiter, und ich hätte Franz im Graben eingekeilt. Ich springe ins Auto und will weg. Da es keinen Spielraum nach hinten gibt, muss ich möglichst sensibel und ohne auf dem Schotter auszurutschen losfahren. Ich lasse die Kupplung kommen, Handbremse los – das linke Vorderrad dreht durch, und Zentimeter für Zentimeter rutscht mein Kasten weiter rückwärts. Stopp!

Zitternd stehe ich auf der Straße. Ich bin am Ende, im Nowhere, inmitten der Berge des albanischen Hinterlands. Auf einer quasi unbefahrenen Straße hänge ich am steilen Berg, zehn Zentimeter vor einem Graben, mit einem Vorderreifen in der Luft. Ich habe weder Schaufel noch Sandblech noch eine Idee. Und ich bin allein.

Mein Kopf ist völlig leer. Bevor ich weiter nachdenke, muss ich erst einmal wirklich zur Ruhe kommen, meinen Atem wieder fließen lassen. Ich stehe an mein Auto gelehnt und blicke in die Weite. Da rutscht mir ein lautes Lachen raus! Mannomann. Das ist so typisch für mich. Dieses sture „Ich will, ich will, ich will ...“, ohne Plan, ohne nachzudenken und ohne Angst einfach irgendwohin zu fahren. Wird schon gut gehen ... Nein. Irgendwann nicht mehr. Und das ist jetzt der Moment, in dem es dann einfach nicht mehr gut geht ...

Ich grinse trotz allem über mich und zittere weiter. Wie soll ich hier wegkommen? Die Sonne neigt sich deutlich Richtung Abend. In dieser Schräglage kann ich nicht übernachten – abgesehen davon, dass ich direkt hinter einer uneinsehbaren Kurve mitten im Weg stehe. Kommt hier wohl jemand vorbei? Und wenn ja: heute noch? Und wenn wieder ja: Ist mir derjenige wohlgesonnen?

Ich finde diese Situation so schrecklich und aussichtlos, bin so tief in meiner Verzweiflung versunken, dass ich das Motorengeräusch kaum wahrnehme. Erst als die beiden Motorräder um die Ecke preschen, realisiere ich, dass hier vielleicht meine Rettung naht. Zwei Männer steigen in voller Off-Road-Biker-Montur ab, lachen mich freundlich an. Sie stellen sich als Angelo und Fabrizio vor und betrachten die Situation. Klar helfen sie ... ich falle ihnen stürmisch um den Hals. Angelo, der Ältere, bemerkt meine Aufgelöstheit, blickt mich sanft an, tätschelt mir den Arm und sagt: „Don’t worry! No problem at all! It’s our job to rescue crazy drivers.“ Während sie die Motorräder zur Seite stellen, erzählen sie, dass sie in dieser Gegend nach neuen Offroad-Tracks suchen. Sie verdienen ihr Geld damit, motorradbegeisterte Touristen über diese Straßen zu führen, Offroad-Rallyes zu organisieren ... und eben zu übermütige Biker zu bergen.

Zwei Stunden lang versuchen wir, Franz aus dieser Misere zu bugsieren. Wir graben mit bloßen Händen, sammeln große Steine, schieben, überlegen. Wir legen Traktionshilfen aus Zweigen, Angelo opfert seinen Rückenprotektor, und ich reiße den Teppich aus dem Fahrerhaus ... alles vergeblich. Irgendwann unterhalten sich die beiden auf Italienisch, und Fabrizio fährt mit seinem Motorrad nach oben, um zu versuchen, Hilfe zu holen. Da stehe ich also mit Angelo. Ich hole uns zwei Bier aus dem Kühlschrank, und er grinst über beide Ohren. Wir setzen uns neben die Straße an die Kante, lassen die Beine über den Abhang baumeln und blicken über die waldige, in goldenes Licht getauchte Weite. „A perfect moment, isn't it?" Angelo bringt es auf den Punkt. Mein Herz schwappt über vor Freude, voller Glück. Welch ein Geschenk, hier sitzen und nach dieser unfassbaren Angst das Gefühl haben zu dürfen, dass alles gut wird! Dass ich nicht alleine bin. Ich bin zutiefst dankbar!

Wir plaudern über unsere Reisen und schwärmen von den holprigsten Straßen, die wir kennen. Eine knappe Stunde später rollt Fabrizio mit einem Jeep im Schlepptau um die Kurve. Die albanische Familie steigt aus: Vater, Mutter, Opa, Enkel. Ich umarme alle, so sehr freue ich mich! Opa knotet ein altes Seil zwischen unsere Autos, ein kurzer Ruck, und Franz wird um die Kurve gezogen. Dort ist genug Platz zum Wenden. Danke – Selfie – Lachen – Umarmungen – ich könnte platzen vor Erleichterung!

In ziemlicher Dunkelheit rumple ich hinter den Motorrädern den Berg hinunter, lade im nächsten Dorf meine beiden Engel zum Essen ein und übernachte im Franz einfach auf dem Dorfplatz. Was für eine Erfahrung! Welch Emotionsflug! Was für ein Tag!

Und ich bin stärker als meine Angst.

BOXER

Im Gespräch

… MIT STEFAN, ALLEINGENIESSER, KASTENWAGENREISENDER UND PFARRER

Stefan ist in seinem selbst ausgebauten Kastenwagen meist mit Familie oder seiner Frau unterwegs. Ab und zu allerdings schafft er es auch, sich aus seinem enorm vollen Alltag zu lösen und ein paar Tage bewusst alleine zu sein – seine „kleinen Fluchten" zu leben, wie er diese Tage irgendwo in der Natur bezeichnet.

Natürlich nutzt du deine Urlaubstage für Zeit mit Frau oder Familie – aber immer wieder zieht es dich auch alleine weg. Du sagst allerdings, dass du viel zu selten alleine loskommst. Hast du Angst vor dem Alleinreisen?

Überhaupt nicht, im Gegenteil. Ich freue mich auf das Alleinsein, aber ich habe ziemliche Schwierigkeiten mit dem Loskommen. Ich fühle mich in meinem Alltag für so viele Dinge verantwortlich und es ist schwierig, hier im Vorfeld alles zu klären. Wenn ich es aber schaffe und dann unterwegs bin, empfinde ich sehr viel Freiheit! Ich kann meinem Denken freien Lauf lassen, ihm Raum geben. Endlich kann ich einen Gedanken entwickeln und nicht das Äußere mein Denken bestimmen lassen, sondern eben dem Inneren zuhören. Das schätze ich sehr.

Phasenweise geht es leider einfach nicht. Dabei kann ich aber eine große Vorfreude entwickeln! Auf die Stille, auf die Unabhängigkeit, ganz meinen Rhythmus leben! Wann ich aufstehe, wann ich parke, was ich esse … das halte ich für etwas ganz Gesundes. Mein Kasten ist einfach meine Chance, mich immer wieder – wenn es auch nur für ein paar Tage ist – abzugrenzen. Auch wenn ich mit meiner Frau unterwegs bin: Die Tage im Bus sind meine kleinen Fluchten, meine Mikroerlebnisse.

Kennst du Befürchtungen vor dem Alleinreisen?

Ich hatte noch nie Befürchtungen, aber so eine Reise kann natürlich unterschiedliche Ängste hervorrufen, zum Beispiel die Angst, gerade auch als Frau, was alles passieren kann.

Aber die größte ist wahrscheinlich die des wirklichen Alleinseins. Was mach ich dann so, ohne jemanden? Was fange ich mit mir an? Was rede ich, wie gehe ich mit der Zeit um?
Oder die Ängste des Loslassens von etwas, was man meint, unbedingt zum Leben zu brauchen: den Fernseher, einen vollen Kühlschrank, die Verbindung zu Freunden, zur Mama ... Dabei ist es so befreiend, mal zu spüren, wie selten man einen Fernseher wirklich braucht! Ich brauche auch keinen Supermarkt ums Eck, keinen Kontakt zu Nachbarn ... Das ist doch die Chance, sich von seinen Verknüpfungen zu lösen!

Und welchen Grund hast du, allein unterwegs zu sein?
Mir ist dieses „Clearing" so bedeutsam. Ich bin in meinem Alltag immer in Begegnung, immer im Gespräch, immer unterwegs. Eine Reise allein bedeutet für mich, endlich auch zu mir zu kommen, die vielen Dinge um mich herum mal zu klären, einzuordnen. Ich will mir bewusst werden, Fragen zulassen; es ist ein „Zu-mir-Kommen".

Hattest du unterwegs auch schon mal Momente, in denen du gerne nicht alleine gewesen wärst?
Ja, klar gibt es auch schlechte Tage unterwegs, an denen man sich nach jemandem sehnt, nach Zuspruch, Berührung oder auch nur einem Gespräch. Aber in nervigen Momenten versuche ich, in Weitsicht zu denken. Weitsicht im Sinne von Gedanken zum Ganzen: „Warum bin ich denn unterwegs, worum geht es mir denn mit diesem Plan, allein zu sein?" Ich mache mir den roten Faden meiner Reise wieder bewusst. Und manchmal entwickle ich auch eine Art Ritual – vom Anzünden der Kerze bis hin zum Lagerfeuer. Das hat etwas Beruhigendes, ja Nährendes ...

Kennst du Angst unterwegs?
Ich habe noch nichts Schlimmes erlebt, aber ja, die kenne ich. Ich bin nicht frei von Urängsten, zum Beispiel tief tauchen oder so. Ich brauche in der Regel immer ein bisschen Zeit, bis ich vertraut bin mit der Umgebung. Auch die Dunkelheit ... Es ist ganz schwierig, im Dunkeln an einem fremden Platz anzukommen. Das finde ich sehr unschön, es fühlt sich ungut an. Das ist zu zweit schon irgendwie heimeliger.

Ach, auch als Mann? Das ist ja interessant. Du findest die Dunkelheit allein schlimmer als zu zweit?
Ja! Mir hilft allerdings immer der Gedanke: Der muss ja auch erst mal an mir vorbeikommen ... Ich bin ja wirklich kein Haserl.

Wie lustig! Das sage ich auch immer zu mir! Wenn einer käme und mich aggressiv bedrängen würde, müsste der erst mal an meiner Aggressivität vorbei! Das schafft keiner ...

Das ist eine gute Haltung! Ich gehe auch mit so einer Einstellung durch dunkle Wälder hindurch und bin mir so meiner Kraft bewusst.

Du stehst nie auf Campingplätzen, ab und zu mal auf einem Stellplatz. Wie begegnest du aufkommenden Freistehängsten?

Ich wäge immer das Risiko ab, bevor ich mich irgendwo niederlasse, überlege auch immer, ob es sich „nur" um eine verwurzelte, aber hier unbegründete Urangst handelt oder ob ich wirklich Grund zur Angst habe. Und ich bin auch schon wieder weggefahren von guten Plätzen. In einem eher unheimlichen Vorort von Paris kam mir beispielsweise der diffuse Gedanke, dass mein Bus samt Inhalt vielleicht mehr wert sei als das Risiko groß, mich zu überfallen. Also habe ich meiner Sorge nachgegeben und bin weitergefahren.

Viele Ängste sind tatsächlich „nur" Sorgen oder negative Energien, die von außen zugetragen oder auch verstärkt werden, etwa vor bestimmten Ländern oder einer abgelegenen Strecke. Wie kommt man über diese Ängste und Unsicherheiten hinweg?

Eigentlich kann es nur die gute Erfahrung machen, dass eine diffuse Sorge vergeht. Man muss Lust haben, seine eigene Stärke zu entdecken, man muss etwas aushalten. Eine gute Erfahrung machst du aber nur, wenn du dich manchmal darauf einlassen willst. Und dabei nicht vergisst, dass auch schlechte Erfahrungen dich weiterbringen.

Ich würde diese Frage auch immer mit der Freiheit beantworten wollen. Ich bin Herr meines Lebens! Ich kann bestimmen, kann mit Schwierigkeiten umgehen! Ich bin so frei, selbst zu entscheiden. Und wenn ich etwas nicht weiß, dann frage ich jemand anderen. Aber ich bin der Entscheider, der, der mein Leben im Griff hat.

Mir fällt dazu noch ein ganz schönes Bild ein, das mich tief beeindruckt hat. Kennst du den Straßenkehrer Beppo aus Michael Endes Buch „Momo"? Er hat Momo ein schönes Geheimnis verraten, wie er mit seinem Leben zurechtkommt: Er geht immer nur einen Schritt nach dem anderen. Nie lässt er sich von dem Berg an Aufgaben beeindrucken oder stressen. Geht man Schritt für Schritt, gelangt man – ohne Anstrengung – ans Ziel. Genau so könnte man es auch mit seinen Ängsten machen: nicht den großen Berg an Sorgen sehen, sondern einfach mal loslegen und den ersten Schritt hinter sich bringen.

Das ist ein wirklich schöner Gedanke! Um die Grenze der Komfortzone zu überschreiten, genügt ein einziger Schritt! Es müssen nicht gleich das ganze Risiko, der gesamte Weg, alle dramatischen Geschehnisse betrachtet werden: Es ist nur ein Schritt. Und dann kommt der nächste ...

Und ich kann dann auch den einzelnen Schritt wertschätzen! Dann fahre ich eben erst mal nur ein kleines Stück, bleibe stehen, lass es mir gut gehen und spüre in mich hinein: Will ich weiter oder zurück? Wie toll, dass ich es bis hierher geschafft habe!

Wenn ich mich immer wieder meinen Ängsten stelle, weiß ich eigentlich immer, dass es kaum Entscheidungen gibt, die sich nicht revidieren lassen.Ich weiß, dass meine Entscheidungen immer richtig sind – auch die, die im ersten Moment falsch laufen –, weil ich immer umdrehen kann. Und selbst eine vermeintlich falsche Entscheidung kann mir eine tolle Erfahrung oder neuen Mut schenken.

Stimmt, es gibt eigentlich für alles einen Rückweg oder eine Ausweichmöglichkeit. Also kann ich es auch probieren. Damit sind wir wieder beim Entscheider über das eigene Leben: Ich bestimme, stärker als meine Ängste zu sein, indem ich einfach ausprobiere. Zurück geht es immer ...

Stefan, darf ich dir noch meine Lieblingsfrage stellen, die ich all meine Herzbegegnungen frage? Was ist der Sinn deines Lebens?

Für mich ist der Sinn des Lebens, so zu wachsen und zu reifen, wie Gott mich gedacht hat.

Wachsen
und reifen.

„Manchmal hat man eine sehr lange Straße vor sich. Man denkt, die ist so schrecklich lang; das kann man niemals schaffen, denkt man. Und dann fängt man an, sich zu eilen. Und man eilt sich immer mehr. Jedes Mal, wenn man aufblickt, sieht man, dass es gar nicht weniger wird, was noch vor einem liegt. Und man strengt sich noch mehr an, man kriegt es mit der Angst zu tun, und zum Schluss ist man ganz außer Puste und kann nicht mehr. Und die Straße liegt immer noch vor einem. So darf man es nicht machen. Man darf nie an die ganze Straße auf einmal denken, verstehst du?
Man muss immer nur an den nächsten Schritt denken, an den nächsten Atemzug, an den nächsten Besenstrich. Dann macht es Freude; das ist wichtig, dann macht man seine Sache gut. Und so soll es sein.
Auf einmal merkt man, dass man Schritt für Schritt die ganze Straße gemacht hat. Man hat gar nicht gemerkt, wie, und man ist nicht außer Puste. Das ist wichtig.“
Michael Ende: „Momo“

Mein Tipp

ENTSPANNTES FAHREN AUF UNBEQUEMEN WEGEN

Wie ich es liebe, zu rumpeln, Schlaglöcher zu umkurven oder über die Reste eines kleinen Bergrutsches zu poltern. Mein größter Fahrspaß ist der des langsamen Cruisens auf Schotter, auf sehr schmalem Asphalt, entlang eines Abhangs, und keine Strecke ist für mich schöner zu entdecken als eine versteckte, einsame. Auf winzigen, unwegsamen Pfaden abseits der geschlossenen Asphaltdecke empfinde ich das leuchtendste Gefühl von Abenteuerlust, und es wächst, je mehr Franz und ich durchgeschüttelt werden, und verlangt nach mehr. Um von der Hauptstraße abzubiegen, gehören Abenteuerlust und vielleicht auch Mut dazu. Aber es lohnt sich oft, die staubige, anstrengende Strecke gewählt zu haben, denn nicht selten erwartet dich ein herrlicher Freisteh- oder entspannter Campingplatz. Vielleicht landest du nach einer langen Rumpelpiste aber auch nur völlig verschwitzt an derselben Stelle, die du über die Hauptstraße auch gefunden hättest ... Egal, denn: Nebenstraßen zu fahren macht einfach viel mehr Spaß! Wenn du folgende Aspekte beachtest:

★ **Denk an deine Fahrzeug-Dimensionen**
Folge den Wegen, die dich anlachen, aber behalte dabei vielleicht noch schärfer als sonst die ungewohnten Dimensionen deines Wohnmobils im Auge - inklusive des hohen Gewichts und des eventuell sehr weiten Radstands (Gefahr des Aufsitzens bei hohen Bodenwellen!). Und natürlich ist auch die Höhe immer mal wieder ein unüberwindbares Hindernis. An kleineren Straßen wachsen zum Beipsiel Pflanzen oder Bäume sehr dicht an der Fahrbahn. Starke Äste verursachen teils heftige (und teure!) Kratzer –, und das Dach eines Mietwagens wird bei dessen Rückgabe auf jeden Fall kontrolliert!

★ **Sei im Zweifelsfall lieber vorsichtig**
Bist du unsicher, ob dieser spannende Weg mit deinem Wohnmobil zu schaffen ist? Bevor du drauflosfährst, geh das nächste Stück lieber zu Fuß und prüfe die Beschaffenheit des Bodens: Sand, Geröll und Schotter lassen sich relativ schlecht mit schweren Gefährten meistern.

★ **Präge dir die Umkehrmöglichkeiten ein**
Solltest du dennoch losgefahren sein, präge dir unbedingt die Umkehrmög-

lichkeiten ein. Denn falls du doch wegen eines unüberwindbaren Hindernisses oder plötzlich auftauchenden Gegenverkehrs rückwärts manövrieren musst, wirst du Stellen zum Ausweichen oder Umkehren vielleicht nicht gleich erkennen – also musst du während des Vorwärtsfahrens schon darauf achten.

★ So meisterst du Schotterwege

Steile Schotterwege und Geröllpisten meisterst du mit Ruhe, Schwung und im ersten Gang. Sieh zu, dass du nicht stehen bleiben musst, und nimm kleinere Hindernisse lieber sportlich rumpelnd, denn das Anfahren am Berg kann auf losem Untergrund sehr schwierig werden. Generell solltest du auf Schotterpisten wegen des möglichen Steinschlags genug Abstand zum Vordermann halten, aber nah am Gegenverkehr bleiben: Im Idealfall treffen dich keine Steinchen, und wenn, dann weit unten am Blech und nicht auf Fensterhöhe.

★ So meisterst du Sandpisten

Längere Sandpisten sind ein wahres Glücksspiel, denn selbst wenn du die Strecke abgegangen und für gut befunden hast, kannst du ein tiefes, tückisches Sandloch übersehen haben. Versuche, Sandstrecken immer möglichst zügig zu durchfahren, sei nicht zögerlich! Falls du dennoch auf der Piste hängen bleibst, versuche bitte niemals, Gas zu geben, um dich selbst herauszuarbeiten: Denn damit verschlimmerst du deine missliche Lage mit Sicherheit. Es gibt nur die Möglichkeit, dich von helfenden Händen herausschieben oder -schleppen zu lassen oder sich mit „Traktionshilfen“ wie zum Beispiel untergelegten Zweigen, Gummimatten, Teppichen (es gibt sogar Unterlegmatten aus Kunststoff im Campingbedarf zu kaufen) oder Ähnlichem im zweiten Gang langsam und ruhig herauszuarbeiten. In der allergrößten Not kannst du den Querschnitt der Reifen verbreitern bzw. deren „Grip“ verbessern, indem du Luft ablässt. Das ist allerdings nur dann sinnvoll, wenn die nächste Tankstelle nicht weit ist oder du eine autoventiltaugliche Luftpumpe bzw. sogar einen Kompressor dabeihast.

★ Bleib gelassen

Das Wichtigste, egal auf welchem Untergrund, ist aber immer: Ruhe bewahren, sich auf keinen Fall von anderen nerven lassen und cool bleiben, dann kann nichts weiter passieren! Und wenn du deinem Gegenüber, das auf dich warten muss (zum Beispiel ein ungeduldiger Lkw-Fahrer, der sein dreimal so großes Gefährt trotzdem schneller als du durch noch engere Gassen steuert und entsprechend genervt von „unfähigen“ Touristen ist), ein strahlend-entschuldigendes Lächeln schenkst, dann wird sich der Stress für beide plötzlich in Luft auflösen.

OFFROAD-TIPPS VOM ENTHUSIASTEN

Als wahrer Offroad-Enthusiast ist Dennis lange mit seiner Frau Barbara in einem Geländewagen mit Dachzelt getourt. Kürzlich hat er sich einen geländegängigen Lkw ausgebaut – kurz, klein und handlich: „Knuffi". Darüber hinaus leitet Dennis auch Fahr- und Spaßkurse für Vans in einem Offroad-Park.

Dennis, ich habe dir meine Albanien-Geschichte erzählt, als ich mich auf der steilen Schotterpiste in eine wirklich doofe Situation gebracht habe ... Ich schicke den beiden Motorradjungs, die mir geholfen haben, fast täglich gedanklich Danke-Bussis ... Es würde mich brennend interessieren, was ein richtiger Offroader in solch einer Situation gemacht hätte. Ich stand ja vor der Entscheidung, ob die Strecke für meinen Kasten überhaupt machbar sei – ohne Allrad, Unterbodenschutz, Höherlegung. An welchem Punkt sollte man abwinken und einen Weg für das eigene Fahrzeug als nicht machbar erkennen?

Natürlich ist das im Nachhinein einfach gesagt, aber grundsätzlich gilt beim Befahren unbekannter Pisten die Regel: erst laufen, dann fahren. Wenn eine Piste schwieriger und anspruchsvoller wird, sollte man das Fahrzeug abstellen, solange es noch geht, und sie erst einmal zu Fuß erkunden. Meist merkt man dann schnell, ob man sich ein Befahren zutraut oder nicht.

Besonders wenn man mit einem zweiradgetriebenen Fahrzeug unterwegs ist, ist zudem das Wetter ein entscheidender Faktor. Ist es trocken, kann man vieles fahren. Sobald es aber ein wenig feucht wird, kommt man ohne Allrad schon bei geringen Steigungen und kleinen Hindernissen aufgrund mangelnder Traktion an seine Grenzen.

Auf das eigene Bauchgefühl hören hilft auch. Sich mit der Materie auseinandersetzen, ist ebenfalls nicht zu unterschätzen. Oft sehen Dinge deutlich harmloser aus, als sie eigentlich sind – oder umgekehrt. Etwas Recherche und das Lesen eines 4x4-Ratgebers kann bereits helfen, um das vor einem liegende Terrain besser einschätzen zu können.

Und natürlich hilft es, die eigenen Fähigkeiten und das eigene Fahrzeug und seine Offroad-Möglichkeiten kennenzulernen, bevor es ernst wird. Dazu empfehle ich eine Laborsituation, zum Beispiel in einem der vielen Offroad-Parks in Deutschland. Seit letztem Jahr bietet die Busbastler-

Akademie regelmäßig Offroad-Workshops an, die sich explizit an Vanfahrer mit und ohne Allradantrieb richten. Es ist die ideale Möglichkeit herauszufinden, was geht und was nicht.

Mehr zu den Busbastlern siehe Seite 34 und:
www.busbastler.de

Wenn du in Albanien dabei gewesen wärst: Der Pfad wurde völlig abrupt steil und schmal, und es kam keine Umkehrmöglichkeit. Intuitiv bin ich aufs Gas gestiegen, um nicht stehen zu bleiben, weil ich Angst hatte, dann nicht mehr loszukommen. Was hättest du mir in dieser Situation geraten?

Für Offroad gilt zuerst immer: Vorsicht und Umsicht – besonders für Reisefahrzeuge. Deine Befürchtung, nach dem Stehenbleiben nicht mehr vorwärts losfahren zu können, war sicher richtig. Doch man muss immer auch bedenken: Wie geht es weiter? Kann ich die mit Geschwindigkeit zu überbrückende Stelle überblicken? Ist es nur ein kurzes Stück, das es zu überwinden gilt, oder der ganze vor mir liegende Weg? Deshalb ist es besser, nachzusehen und die Situation einzuschätzen. Wenn ich auf einem langen Weg lande, der so anspruchsvoll ist, dass ich nach einem Stopp nicht mehr anfahren kann, sollte ich ihn auch nicht befahren.

Der Weg zurück geht in der Regel immer, sofern ich mein eigenes Ego so weit im Griff habe, mir einzugestehen, dass es besser ist umzudrehen. Damit haben wir Männer in der Regel größere Probleme als Frauen ;-)

Ist man offroad auf schmalen Pisten und im Gebirge unterwegs, sollte man auch schnell die Angst vor langen Rückwärtspassagen verlieren, denn oft muss man weit zurücksetzen bis zu einer Wendemöglichkeit.

Da hast du sicher recht! Ich weiß, dass ich beim nächsten Mal ganz sicher nicht mehr so unbedarft in eine solche Piste einbiegen werde – und auf jeden Fall deutlich früher umkehre! Wenn man nun aber auf Schotter rückwärts ins Rutschen kommt: Kann man dagegen irgendetwas tun?

Rutschen gehört wohl mit zu den unangenehmsten Dingen, die einem beim Fahren passieren können, ob auf der Straße oder offroad. Rutschen ist deshalb so gefährlich, weil mit der Traktion der Reifen auch die gesamte Kontrolle über das Fahrzeug verloren geht. Deshalb funktioniert es auch nicht mehr, das Fahrzeug durch Blockieren der Reifen zum Stehen zu

bringen; und ebenso wenig reagiert das Auto auf Lenkbewegungen.
Die von dir beschriebene Situation ist fast schon ein Klassiker beim Offroadfahren, der aber, bevor es zu spät ist, vermieden werden kann: Ich komme vorwärts einen schottrigen Anstieg nicht hinauf, würge den Motor ab und gerate beim Versuch, das Fahrzeug rückwärts wieder hinabzurollen, ins Rutschen.
In der Offroad-Fahrschule lernt man, dass sich Bremsen und Lenken bergab fatal auswirken können. Effektive Kontrolle über ein Fahrzeug behalte ich nur dann, wenn die Bremswirkung über den Motor erzeugt wird. Denn nur wenn die Motorbremse das Abbremsen übernimmt, blockieren die Reifen nicht und bleiben steuerbar.
Stehe ich, wie oben beschrieben, an einem längeren Hang und muss ihn rückwärts wieder hinunter, kann ich wie folgt vorgehen: Bremse treten – Auto ausmachen (sofern noch nicht abgewürgt) – Rückwärtsgang einlegen – von der Kupplung gehen – den Motor ohne Kupplungstritt starten, während ich von der Bremse gehe; dazu sollte das Fahrzeug aber in der Falllinie stehen, nicht schräg am Hang. Wenn ich dann mit aufheulendem Motor bergab rolle, kann ich durch sanftes Bremsen zusätzlich versuchen, das Fahrzeug weiter abzubremsen. So vermeide ich das Blockieren der Reifen und behalte die Kontrolle über das Fahrzeug. Ein Verfahren, das allerdings geübt werden sollte, am besten unter Anleitung.

Ich stand aber mit meinem linken Vorderrad in der Luft; zudem hatte ich keinerlei Werkzeug dabei …

Wenn bei einem Fronttriebler eines der Vorderräder in der Luft ist, fehlt der gesamte Vortrieb – das ist einfache Physik: Die Kraft verhält sich wie fließendes Wasser: Sie sucht den einfachsten Weg. Schwebt ein Reifen über dem Boden, so wird die Kraft des antreibenden Motors nur zu diesem Reifen „fließen" und es durchdrehen lassen. Das zweite Rad, das eigentlich die Kraft bräuchte, um das Fahrzeug aus der Situation zu befreien, geht leer aus. Hier hilft nur eines: das Fahrzeug wieder mit beiden angetriebenen Reifen auf den Boden bringen – oder den Boden zum Reifen. Meist ist man in einer solchen Situation am anderen Ende des Fahrzeugs in ein Loch oder einen Graben geraten, der das Fahrzeug zum Kippen veranlasste (bei dir war das ja auch der Fall). Mit dem Wagenheber kann man an dieser Stelle das Abkippen rückgängig machen und dann das Rad unterfüttern, bis wieder alle vier Räder Bodenkontakt haben. Dabei können Auffahrkeile sicher eine Hilfe sein, ebenso Äste, große Steine und alles, was mit der Schaufel ins Loch unter dem Reifen geworfen werden kann.

Hattest du auch schon so ein unangenehmes Erlebnis? Und Angst dabei?

Aber klar. Wer offroad unterwegs ist, kommt früher oder später in unangenehme Situationen. Mir hat geholfen, dass ich diese Situation bereits wissentlich herbeigeführt hatte, bevor es wirklich ernst wurde. So konnte ich das richtige Handeln in verschiedenen Situation unter Anleitung einüben. Ein Beispiel, ebenfalls in Albanien: Wir waren allein mit unserem Jeep in einem Flussbett unterwegs. Einem breiten, steinigen, im Sommer nahezu ausgetrockneten Flussbett. In der Nacht zuvor gab es ein starkes Unwetter, das viel losen Sand in das Flussbett spülte und es feuchter machte als üblich. Auf dem Weg durch das Geröll übersahen wir eine besonders feuchte Stelle mit losem Sand und versanken sofort bis zum Rahmen im Schlick. Alle Reifen drehten ohne Traktion durch, und wir saßen vollständig auf.

Die Situation war doof. Weit und breit war niemand, und in einem Flussbett bleibt man auch im Sommer nicht so gerne länger als nötig. Es dauerte mehrere Stunden, bis wir mit Schaufel, Sandblechen und Wagenheber den Jeep Schritt für Schritt befreien konnten. Angst um das Auto oder uns hatte ich allerdings während der ganzen Zeit nicht. Die Situation war doof, aber nicht gefährlich, und wir hatten alles dabei, was nötig war, um uns aus der Situation zu befreien.

Bisher konnten wir wirklich brenzliche Situationen immer dadurch meistern, dass wir sie rechtzeitig erkannten, richtig reagierten und so nicht wirklich schlimm werden ließen. Oft kamen wir auch an Punkte, die wir nach Analyse der Situation aktiv vermieden, weil das Gefühl, es probieren zu müssen, nicht gut war.

Wie gehst du damit um, wenn du mal richtig Angst hast?

Wenn man richtig Angst bekommt und merkt, dass Panik aufsteigt, sollte man vor allem eines tun: nichts. Angst habe ich ja davor, dass etwas Schlimmes bevorsteht. Sollte ich also richtig Angst bekommen bei den nächsten vor mir liegenden Metern, bleibe ich lieber stehen. Sollte ich dadurch in eine doofe Situation geraten wie bei dir auf der Piste, auf der ich womöglich nicht mehr anfahren kann, dann nehme ich diese in Kauf, vermeide aber eine weit brenzlichere Situation. Nach ein paar Minuten Ruhe gelingt dann auch sicher eine klarere Analyse der Situation. Auf keinen Fall sollte man mit Angst und Panik im Kopf weitere Entscheidungen treffen. Diese sind in der Regel nicht gut.

Ich danke dir sehr, Dennis! Deine Ratschläge werde ich fest in meinem Kopf verankern und beim nächsten Mal sicher sehr viel besser reagieren!

Mehr zu Dennis Kroeschells Overlander-(Jeep-)Ausbauten und den Reisen mit Barbara im Offroad-Lkw findest du hier: **www.overtheland.de**

Und dann muss man ja auch noch
Zeit haben, einfach dazusitzen
und vor sich hin zu schauen.

Astrid Lindgren

II.
Selbstfürsorge:
Verbundenheit mit sich selbst

Georgien | Ich spreche die jungen tschechischen Offroadbiker in Crossmontur an und frage, ob sie die Strecke nach Lentheki hinunter kennen. Alle vier plappern sofort auf mich ein: Welche Maschine ich hätte? Ob sie speziell offroad-tauglich sei? Wie viel Erfahrung ich im Gelände habe. Und ich stehe ihnen gegenüber und muss zu allen Punkten, die ich wohl bräuchte, um (in ihren Augen) den Pass meistern zu können, abwinken. Wortreich lasse ich mir noch die unsäglichen Schwierigkeiten dieser Strecke im Detail erklären, um schließlich völlig verunsichert zurück zu meinem Motorrad zu gehen. Und mich erst einmal daneben hinzusetzen ... ratlos.

Ich habe mir einen Lebenstraum erfüllt und bin mit dem Motorrad nach Georgien gefahren. Alleine. Es ist einfach nur großartig! Seit vier Wochen bin ich im Reise- und Fahrglück – begeistert von diesem Land (wie auch von allen anderen Ländern, die ich bis hierher durchfahren habe), von diesen unglaublich freundlichen Menschen und – ja – auch von mir! Denn ich bin einfach losgefahren: Motorrad gekauft, Zubehör besorgt, Zelt draufgepackt und los. Eben einen Lebenstraum erfüllt.

Hier stehe ich nun auf 2200 Höhenmetern im Dorf Ushguli, eines der von mir angesteuerten Highlights innerhalb meines Georgien-Bildes, und weiß nicht, wie ich weiterfahren soll. Zwar fahre ich immer ohne Plan, hangle mich von Ort zu Ort, lasse mich treiben, biege ab, wenn die andere Straße schöner scheint, und denke erst anschließend nach ... Aber hier, am Ende des Tals, gibt es nur zwei Möglichkeiten: weiter über den sehr kleinen, sehr steilen Tsagar-Pass hinunter nach Lentheki – oder dieselbe Schotterstrecke zurück nach Mestia, von wo ich gekommen bin. Seit gestern Abend hadere ich damit, ob ich lieber zurückfahren oder mich wagemutig über den Pass stürzen soll (vor dem mich alle warnen). In Dauerschleife lasse ich diese Frage durch meinen Kopf kreisen: Ist mein richtiger Weg mutig = selbstüberschätzend? Oder vernünftig = langweilig? Die Motorradjungs raten mir klar und einhellig ab: Es sei wirklich sehr anspruchsvoll, mit vielen Verblockungen, sehr steil, sehr matschig im unteren Teil ... Nein, als Anfängerin würden sie mir das nicht empfehlen! Definitiv nicht. Also gut. Ich nicke mit ihnen im Gleichklang: Dann geht es morgen eben zurück. Doch lieber „langweilig“ ...

Kurz darauf komme ich mit Wanderern zu meiner Frage der Streckenwahl ins Gespräch. Eine Frau antwortet, dass es zwar die gleiche Straße gibt, aber niemals dieselbe. Alle packen ihre Brotzeit aus, setzen sich zu mir ins Gras, und wir unterhalten uns wunderbar darüber, welcher Weg im Leben der richtige ist. Gibt es auf „gewohnten“ Pfaden wirklich Langweile – oder sollte man die Chance nutzen, diesen Weg einfach noch einmal aus einem anderen Blickwinkel zu betrachten? Vielleicht sieht man ja völlig Neues, obwohl man diese Strecke kennt? Ist es nicht vielleicht sogar eine Gabe, dem Vertrauten immer wieder Spannendes zu entlocken? Und spricht es immer für Mut, wenn man sich

stets neue Wege sucht, oder weicht man so einfach einer tieferen Erfahrung des Wiederholens aus? Vielleicht ist es aber – anders herum – doch ganz wichtig, sich nicht auf ausgetretenen Pfaden zu bewegen, um sich immer wieder mit Neuem begeistern zu können? Macht es Sinn, dass man sich selbst zu einem „Pionier" entwickelt, der voranschreitet, sich selbst immer wieder überrascht, den anderen vielleicht als Vorbild dient? Wir diskutieren angeregt, jeder hat eine Geschichte dazu beizutragen, und wir lachen viel über unser aller Unentschiedenheit, welcher Weg der richtige ist. Eine tolle Herzbegegnung! Trotz all dieser Ambivalenz hat es mich aber in meiner Entscheidung, welchen Weg ich morgen einschlagen soll, nicht weitergebracht.

Als die Gruppe weiterwandert, lege ich mich zwischen mein Motorrad „Freeda" und den laut rauschenden Enguri-Gebirgsbach und versuche, eine Lösung zu finden: Das schon Gesehene zu fahren langweilt mich prinzipiell (auch wenn die Schotterstraße wunderschön zu fahren war). Aber mein Gefühl traut mir diesen krassen Pass einfach nicht zu. Immerhin bin ich tatsächlich noch nie richtig offroad gefahren. Was alles passieren kann, wenn ich allein bin, mag ich mir gar nicht vorstellen! Da reicht es, wenn das Moped (wie gestern) verkehrt herum liegt – ich habe keine Chance, 250 Kilo alleine aufzurichten, wenn die Maschine mit dem Lenker bergabwärts liegt! Und wer weiß, wie viel bzw. wenig Verkehr auf dieser Strecke überhaupt ist? Auch einen aufgrund spitzer Steine geplatzten Reifen könnte ich nicht reparieren. Nein! Ich muss auch mal wissen, wo meine natürliche Grenze ist. Muss auch mal respektieren, dass ich nicht alles kann – nicht alles können muss. Also zurück ... Oder?

Am Abend treffe ich auf deutsche Weltreisende, die mit ihren beiden Lkw zufällig vor meinem Hotel parken. Die zwei Paare und ich haben natürlich viele gemeinsame Themen, über die wir uns fröhlich beim Abendessen austauschen. Kurz vor dem Schlafengehen bitte ich die vier um Rat zur weiteren Strecke. Klar, die beiden extrem erfahrenen Fahrer mit ihren offroadtauglichen Lkw haben keine Scheu vor irgendwelchen Pässen: Sie fahren selbstverständlich dort entlang. Und Achim sagt völlig überzeugt, dass er niemals dieselbe Strecke zweimal fahre: „Es gibt kein Zurück!" Wir haben wieder viel zu lachen bei der Diskussion über den richtigen (Lebens-)Weg, bis mir Andrea und Achim anbieten, diesen Track gemeinsam zu fahren. Auch Friederike und Olaf stimmen zu, als meine „Safety Cars" zu fungieren. Sie könnten nicht nur ein umgefallenes Motorrad aufrichten, sondern sicher auch bei sonstigen Pannen helfen. Ein breites Grinsen erstrahlt mein Gesicht: Wäre das nicht eine tolle Lösung? Trotzdem will keine rechte Hochstimmung bei mir aufkommen, mein Bauchgefühl bleibt immer noch ziemlich flau bei dem Gedanken, ob ich den Pass überhaupt schaffen kann. Ist das nicht völliger Wahnsinn (für mich als Anfängerin), nach dem, was mir die Motorradfahrer darüber erzählt haben? Und wieder bin ich unsicher und unzufrieden mit meiner Planung.

Ziemlich schlecht gelaunt stehe ich auf dem Balkon meines Zimmers. Wenn man JEDE Freiheit hat und es tatsächlich nur an der eigenen Entscheidung liegt ... Wie soll ich das Richtige für mich herausfinden? Kann mir bitte irgendjemand helfen? Jetzt! Irgendjemand! Bevor ich in Verzweiflung und noch schlechtere Laune rutsche, zünde ich mir die Kerze an, die ich immer dabei habe, hülle mich in eine Decke, starre auf den Mond und versuche, ganz ruhig zu werden. Tief in mich hineinzuspüren, welcher Weg mir morgen besser tut. Ich betrachte meine wirklich große Angst vor der Strecke. Ist das meine eigene? Oder nur eine, die mir die anderen eingeredet haben? Muss ich wirklich auf dem gleichen Weg zurückfahren, „nur" weil ich mich nicht traue? Überschätze ich mich maßlos, wenn ich fahre? Darf ich einfach neugierig sein? Bin ich verantwortungslos? Oder mutig? Was würde ich einer Freundin raten, wenn sie mich um Rat fragen würde? Und immer wieder spüre ich in das Gefühl hinein, wenn ich mir mich selbst auf dem Pass vorstelle ... oder im Vergleich dazu auf der Straße zurück. Und plötzlich ist es mir völlig klar: Dass mir das Angebot gemacht wurde, gemeinsam mit den erfahrenen Reisenden diesen Track zu fahren, ist ein Geschenk, das ich annehmen sollte! Ich gebe den zwei Paaren Bescheid, dass ich morgen früh startklar sein werde.

Ich schlafe fast nicht. Es ist eiskalt im Zimmer, weil die Balkontüre nicht schließt. Außerdem höre ich die ganze Nacht nach dem Wetter: Beim kleinsten Regentropfen würde ich die einfachere Strecke fahren! Hundertmal blicke ich auf meinen Wecker, weil ich das Aufstehen nicht verpassen will, und schlafe sowieso nicht. Ich bin wahnsinnig nervös und aufgeregt und wirklich schlecht drauf. Aber ich stehe pünktlich auf, packe mein Zeug – und juble vor Freude, als ich den strahlenden Sonnenschein sehe! Das ist das letzte Zeichen, das ich brauchte, um zu wissen, dass mir der Pass heute geschenkt wird. Face your fears! Und los!

Ich hetze mich, bringe keinen Bissen vom Frühstück runter: Stress! Die Sonne strahlt, es herrscht ein eigentümliches Licht. Die vier anderen sind startklar, alle grinsen mir zu („Ich wusste, dass du mitkommst!", ruft Achim mir entgegen) und so fahre ich voraus und die beiden Lkw brummen hinter mir her. Schon nach 400 Metern würge ich Freeda ab, weil ich vor lauter Unsicherheit im zu hohen Gang den steilen Anstieg fahre. Sie springt nicht mehr an. Trotz meiner Hektik und Aufregung ist es ein sehr beruhigendes Gefühl, die Helfer hinter mir zu wissen! Wäre ich allein, würde ich spätestens jetzt – auch als Freeda endlich wieder läuft – umdrehen. Mit zitternden Händen fahre ich weiter, versuche, meinen Atem unter Kontrolle zu bringen und gleichzeitig auf diese unbeschreibliche Schönheit der Umgebung zu achten. Ich merke, dass mein Motorrad wirklich völlig problemlos den Berg erklimmt, dass ich auf den Fußrasten stehend die beste Spur finden kann, dass es mir riesigen Spaß macht! Ich fahre langsam und voller Genuss auf dieser atemberaubenden Hochstraße, halte immer wieder an, fotografiere, atme, staune und blicke mich zu meinen Begleitern um. Ein durch und durch gutes – und vor allem richtiges – Gefühl, hier zu sein.

Ein paar Kilometer weiter legt sich Freeda wieder um: Mein Stützfuß (ohne offroadtaugliche Stiefel) ist auf dem weich-feuchten Schotter weggerutscht. Da liegt sie also … und schon hilft mir Achim, sie aufzurichten, aber nicht, ohne ein Foto gemacht zu haben! Ganz sicher hätte ich es diesmal auch alleine geschafft (so wie die Male zuvor, als mir das Motorrad im tiefen Sand weggerutscht ist); aber mit einem großen, starken Typen direkt hinter mir ist es doch viel angenehmer. Wie schön, einmal beschützt zu werden, geholfen zu bekommen. Ein neues, gutes Gefühl auf meinen Reisen.

Auf dem Peak des Passes sind es 2800 Höhenmeter. Ab jetzt geht es nur noch abwärts. Geröll, rutschige Steine, ausgewaschene Furchen. Ich rolle, schlittere und bremse, durch knietiefe Pfützen, durch Schotterfelder auf schmaler Piste. Ich fahre und fahre und komme gut voran. Kämpfe konzentriert, sehe die Lkw nicht mehr, will aber keine Pause, sondern die Strecke hinter mich bringen. Der Track wird noch schlechter, kaum zu glauben. Es reihen sich nur noch feuchte Steine an Fels an Geröll, oft überspült von kleinen Rinnsalen. Steil. Anstrengend!

Auf der ersten Waagerechten halte ich an und lasse Freeda und mich verschnaufen. Die letzten Kilometer waren echt der Hammer. Ich bin so froh, es ohne Probleme/Sturz/Panne geschafft zu haben, dass ich wirklich auf die Knie sinke, ein Stoßgebet zum Himmel schicke und Freeda tätschle. Wir zwei sind schon die größten Helden! Eine Weile später kommt eine Gruppe Mountainbiker von oben, die mir erzählen, dass die Lkw abgebogen seien, um Pause zu machen. Sie sollen ausrichten, dass ich zurückkommen solle. Ich lache laut auf: Diesen Abschnitt fahre ich garantiert nicht noch einmal! Ein deutsches Jeep-Paar kommt von unten und berichtet von 20 Kilometer Schlammpiste. Von wegen „das Schlimmste ist geschafft"! Ich habe Panik vor Schlamm! Als dann auch noch die Wolken zuziehen, fahre ich hastig weiter. Die beiden Lkw werden schon auftauchen, immerhin sind sie im Schlamm sicher viel schneller als ich. Und „Schlamm" ist

paulchen-on-tour.de

eigentlich untertrieben. Kilometerlang muss ich auf Freeda sitzend mitlaufen, mit beiden Beinen stützen, um in den Matschrinnen nicht umzukippen. Ja, es macht mir riesig Spaß, mich so vollzumatschen, gleichzeitig habe ich aber Herzklopfen vor Aufregung, dass mir meine Maschine nicht in den tiefen Modder rutscht! Alleine bekomme ich sie nie wieder heraus! Aber die Sicherheit, meine Begleiter hinter mir zu wissen, macht mich stark: Ich will ihnen (und mir) beweisen, dass ich alleine durchkomme, keine Hilfe brauche. Ich riskiere eine etwas höhere Geschwindigkeit, um stabiler zu sein, weil ich kräftige Hände hinter mir weiß. Also kämpfe ich und kämpfe, zähle jeden Kilometer, feuere Freeda und mich an, schlittere durch die nassen Rinnen und winke trotzdem noch grinsend den Straßenbauarbeitern zu.

Endlich: Gerade noch rechtzeitig vor dem einsetzenden Regen wird der Boden unvermittelt fester, und erste Teerbrocken tauchen auf: Die Zivilisation hat mich wieder und rückt in der ersten Kneipe gleich ein kühles Bier raus! Wie stolz ich bin! Wie erleichtert und abgekämpft. Ein perfektes Erlebnis! Ich danke im Geiste für das Geschenk, eine Begleitung bekommen und es gewagt zu haben. Mein Bauch, mein Inneres hat mir letztendlich den richtigen Weg gezeigt.

... EIN HOCH,
AUFS LEBN UND AUF DIE WELT
AUF DASS UNS NIE WAS FEHLT
UND KANER VON UNS LEIDEN MUSS.
(...) EIN HOCH
AUF A WUNDERBARE ZEIT
UND HOFF MA'S, DASS MEHR BLEIBT
ALS NUR A FOTO IN AN ALBUM.
(...) EIN HOCH
AUF A JEDES HINDERNIS
AA WENN'S NO SO G'SCHISSN IS,
AUS FEHLERN, DA LERNT MA ...

"SOITS LEBN" VON SEILER UND SPEER

Erst am übernächsten Tag werde ich wieder Kontakt zu meinen vier Begleitern bekommen und erfahren, dass ich die Hälfte der Strecke alleine, ganz ohne den Schutz der Lkw, bewältigt habe, denn die vier haben spontan ihren Pausenplatz zum Nachtlager gemacht. Während ich also immer weiter mit der Sicherheit gefahren bin, meine Helfer hinter mir zu wissen, hatten die schon längst auf Feierabendmodus umgeschaltet. Ich lache lang und laut über diese Situation, denn nur das Gefühl, beschützt zu werden, hat mich so sicher, stark und mutig gemacht und mich unbeirrt und angstfrei kämpfen lassen. Ich finde es großartig, wie sich mein Geist hat überlisten lassen. Welch fantastische Erfahrung!

Danke, Andrea und Achim von www.paulchen-on-tour.de,
für die Beisteuerung der tollen Fotos auf den Seiten 190 bis 193.

Im Gespräch

… MIT RITA, ALLEINSEIN-GENIESSENDE IM KASTENWAGEN UND THERAPEUTIN

Rita ist vielbeschäftigte Therapeutin, Mutter eines erwachsenen Sohnes und in einer glücklichen Beziehung. Und sie ist oft alleine unterwegs: Zu ihren Seminaren und Coachings fährt sie stets im Kastenwagen und nutzt ihn als Wohnung. Und immer wieder treibt es Rita hinaus in die Ruhe. Dann stellt sie sich einige Tage an einen schönen Platz am See, um dort konzentriert zu arbeiten oder es sich einfach nur rundum gut gehen zu lassen.

Du bist relativ häufig alleine unterwegs, Rita, und bezeichnest dein Wohnmobil als „dein Nest", in dem du dein Alleinsein rundherum genießen kannst. Warum zelebrierst du Solomomente lieber im Kastenwagen und nicht einfach in deiner hübschen Wohnung?

Ich bin im Wohnmobil ganz bewusst nur für mich und suche in dieser Zeit auch keinen Kontakt. Ich bin draußen, gehe viel schwimmen oder wandern, lese gerne stundenlang in meinem gemütlichen Bett, bekoche mich … alles, was mir besonders guttut.

Tatsächlich arbeitest du auch viel, wenn du draußen stehst.

Ja, nirgends kann ich so konzentriert und intensiv arbeiten wie in meinem Wohni, wo ich Inhalte und neue Ideen entwickle. Es ist einfach wohltuend, hier zu arbeiten.

Du suchst also das Alleinsein. Oder will dein Mann einfach nicht mit?

Nein, ich will diese Allein-Zeiten für mich. Mein Mann und ich gehen sehr gerne zusammen auf größere Touren, aber auch wenn wir zusammen auf Reisen sind, nehme ich mir die Freiheit, immer mal wieder andere Wege zu gehen oder zwischendurch für einen liebevollen Abstand zu sorgen. Und auch wenn ich eine sehr starke Verbindung zu meinen Freunden habe und diese Kontakte als überaus wichtig empfinde – es tut einfach gut, also mir tut das gut, immer wieder mal bewusst für mich zu sein. Ich finde es selbstverständlich, hin und wieder allein zu sein. Es nährt mich einfach von innen.

Was gibt dir dein Wohnmobil? Es könnte ja auch ein hübsches Hotelzimmer, eine Wellness-Oase oder so etwas sein?
Mein kleines Ding gibt mir einfach einen wirklich besonderen Raum, eine ganz konzentrierte Atmosphäre. Ich liebe das Gefühl: Jetzt bin ich nur noch für mich, in meinem Raum. Überschaubar, schön ...

Auf deinem Lieblingsplatz stehst du frei, ohne die Geborgenheit des Campingplatzes. Wie geht es dir mir dem Alleine-draußen-Stehen?
Wir hatten mal einen sehr unschönes Erlebnis in Frankreich, als uns, während wir schliefen, einiges aus dem Wohnmobil geklaut wurde. Das hat mich eine Weile ziemlich erschüttert, und ich habe länger darüber nachgedacht, ob ich mich weiterhin alleine raustrauen sollte. Aber dann haben wir einige Sicherungen eingebaut, und seitdem fühle ich mich wieder entspannt genug.

Wenn du allein im Nirgendwo stehst: Sorgst du für dich, pflegst du dich – Stichwort Selbstfürsorge?
Ja, klar sorge ich für mich, aber ich mag das Wort Selbstfürsorge nicht so gerne ... hmm, mir fällt aber jetzt auch kein besseres ein. Dieser Begriff ist mir einfach irgendwie zu ... mager.

Was ist denn Selbstfürsorge für dich?
Es ist schon der Gedanke, dass man gut auf sich achtet, aber mir fehlt dabei irgendwie die Tiefe. Es ist nicht nur die Eigenpflege. Vielmehr wäre mir wichtig, dass man sich Gedanken über sich macht: Was tut mir wirklich gut? Was braucht meine Seele? Wie kann ich mit den Ängsten umgehen? Wie weit kann ich gehen?

Selbstfürsorge heißt also für dich in erster Linie, das Innere zu betrachten?
Ja, genau. Es geht darum, mit sich in Kontakt zu kommen, wirklich auf sich zu achten. Mein Mann liebt beispielsweise Schneetouren in Nepal. Mich bekommst du nicht ansatzweise dazu, beim Aufwachen die Schneekristalle im Gesicht zu haben. Er bezeichnet das als die glücklichste Zeit. Es ist seine Pflege des Selbst. Es geht darum, für sich selber klar zu bekommen: Was tut mir wohl, was brauche ich jetzt? Was sagt mir mein Selbst? Bin ich überhaupt in Kontakt mit dem Innersten?

Das ist eine sehr schwierige Übung, auch für mich: sich darüber klar zu werden, was gerade das Richtige ist. Was mir jetzt guttut oder besser wäre. Ich hadere ziemlich oft damit, dass ich gerade keine Antwort habe. Und manchmal wünsche ich mir sehr, einfach einen Tipp zu bekommen, wie ich mich entscheiden, was ich jetzt am besten machen soll. Aber ich habe eben auf Reisen meist niemanden neben mir, und dann müssen die Antworten aus mir selbst kommen.

Aber du hast doch eigentlich alles in dir: Du hast das Geschenk, dass du die Antworten in dir hast – du musst sie „nur" hören …

Jaja, nur zuhören … im Grunde weiß ich das ganz genau! Ich habe dazu einen Lieblingsspruch von Byron Katie, der mich allzeit begleitet: „Nichts außerhalb von dir kann dir je das geben, wonach du suchst." Aber manchmal bin ich zu ungeduldig; dann fehlt ein konkreter Antwortgeber; dann will ich einfach sofort Gewissheit für die richtige Entscheidung haben; dann nervt mich, dass ich niemanden habe, der mir die Richtung vorgibt. Ich habe einfach kein klares Werkzeug, um zu einer Antwort zu kommen.

Doch, das hast du. Egal, ob du viele Stunden über deine Fragen nachdenkst oder nur ganz kurz: Du hast das ganz tiefe Wissen von dir selbst. Da bekommst du die Antworten, von denen du ganz genau weißt, dass sie richtig sind. Natürlich ist es eine sehr große Herausforderung, immer wieder mit sich in Kontakt zu kommen, bei sich selbst anzukommen. Aber im Prinzip ist die Antwort in dir, da musst du eigentlich nicht hadern.

Wie kommt man denn in diesen Kontakt? Wie schaffst du das? Meditierst du oder hast du Rituale?

Ich hatte gerade eine sehr schwere Zeit mit gesundheitlichen Problemen. Da fiel es mir unheimlich schwer, die Kraft zu diesem Verbindungsaufbau zu haben. Aber im Grunde meditiere ich, und als Reiki-Meisterin kann ich mir mit dieser Technik gut helfen.

Um noch mal insgesamt zu begreifen, was du meinst: Um zu sich selbst fürsorglich sein zu können, sollte man den Kontakt zu sich finden?

Ja, Selbstfürsorge, wie du es nennst, bedeutet für mich weniger „sich umhüllt zu fühlen" als ein „Aus-sich-heraus-Strahlen". Die Antwort auf deine Unsicherheit kommt nicht von außen, nicht durch Pflege, nicht durch Sich-selbst-Gutes-Tun. Du hast dieses Wissen. Du musst den Zugang dazu üben, wie man immer alles üben muss. Und dieses Wissen musst du natürlich auch pflegen. Es ist viel leichter, sich dem Selbst liebevoll zuzuwenden und Zeit darauf zu verwenden, als fast verzweifelt nach etwas oder jemandem zu suchen, der die Antwort gibt.

Und dieses Pflegen … das ist so eine Art Kommunikation mit mir selbst?

Ja, eigentlich ist es ganz leicht: fünf Minuten dasitzen und einfach ein freundliches Bewusstsein zum Selbst aufbauen. Du hast dieses Geschenk von Geburt an. Bei manchen Menschen ist es tatsächlich vollkommen verschüttet, absorbiert von all dem Stress drumherum. Bei einigen meiner Klienten bestehen die ersten Sitzungen darin, erst einmal dieses innere Selbst wiederzufinden. Aber jeder hat es. Du könntest

dich schlicht dankbar dem Inneren zuwenden, dich verbinden mit einem „Danke schön, dass du da bist". Und je mehr du dieses „Jetzt bin ich ganz bei mir" hast, desto besser weißt du, dass die nächste Entscheidung eine gute Entscheidung ist, dass du damit weitergehen kannst …
Der langen Rede kurzer Sinn: Die Verbundenheit mit mir selbst und die Kraft, diese zu schätzen, ist etwas, das für mich zutiefst mit Selbstfürsorge zu tun hat. Sie ist eigentlich das Essenzielle, für mich ist das die größte Quelle in mir. Erst wenn diese Kraft genährt ist, kann ich mich richtig um mich kümmern oder für mich sorgen. Dann kann ich mich wieder gut bekochen oder du für dich mit einem Feuer oder sonst irgendetwas Gutem sorgen.

Danke, liebe Rita. Unser Gespräch hat mir sehr gutgetan. Du hast mich darin bestätigt, dass man das Beste für sich tut, wenn man ganz bei sich bleibt. Dass Selbstfürsorge im Prinzip nichts anderes ist, als sich selbst in umfassender Weise gutzutun – sich eben nicht nur äußerlich umsorgt, sondern vor allem das Innere pflegt.
Und ich bin froh über deine Erinnerung, dass die wahren Erkenntnisse von einem selbst, aus dem Inneren kommen müssen bzw. kommen können! Es hilft nicht, in unklaren Momenten zu hadern und sich Unterstützung von außen zu wünschen. Vielmehr muss man ruhig werden, bis die innere Gewissheit mit der richtigen Entscheidung gehört werden kann.
Liebe Rita, wenn ich unterwegs bin, frage ich meine Herzbegegnungen immer nach dem Sinn des Lebens. Welchen Sinn würdest du denn für dein Leben nennen?
Ich würde sagen: *das Leben in Fülle leben.*

Mehr zu Rita und ihrer Arbeit findest du auf ihrer Webseite:
www.ritaklemmayer-psychotherapie.de

Mein Tipp

FEUER ALS KRAFTPLATZ

Allein unterwegs zu sein heißt vor allem, alle Entscheidungen allein treffen zu müssen. Jeder Weg, jeder Plan, jeder Moment muss – nein, darf! – selbst entschieden werden. Tatsächlich ist es manchmal wirklich anstrengend, niemandem die Last der Entscheidung übergeben zu dürfen. Und in schwierigeren Momenten ist es oft unglaublich mühsam, nicht mit einem Vertrauten über die weiteren Schritte diskutieren zu können.

Aber: Welch großartiges Gefühl ist es gleichzeitig, wirklich alles ganz in deinem eigenen Sinne entscheiden zu können. Keine Diskussion, keine Kompromisse, kein Ärger. Jede Entscheidung ist die richtige, denn du hast sie bewusst, aus den in diesem Moment relevanten Gründen für dich getroffen. Es ist ein unbeschreiblich wohltuendes Gefühl, allumfassend für sich sorgen zu dürfen – und es auch zu können.

Um eine wichtige, vielleicht schwierige Entscheidung zu treffen – und es gibt erstaunlich häufig Weggabelungen unterwegs –, brauche ich Ruhe. Ich suche einen bewussten Moment, in dem ich mich zurückziehen und auf mich fokussieren kann. Am besten gelingt mir das, wenn ich mich rundherum wohlfühle, wenn ich das Gefühl habe, dass alles um mich passt, dass ich fürsorglich zu mir bin. Mich zu umsorgen heißt für mich: Ich brauche Wärme, idealerweise ein passendes Getränk (Kaffee oder Bier), Ruhe und Raum um mich – und am allerbesten ein Feuer. Oft genügt schon eine Kerze, aber wenn ich mir ein Lagerfeuer anzünden kann, ins prasselnde Feuer starren darf, zur Krönung vielleicht sogar neben einem Wasser sitze ... dann kann das Problem gar nicht so schwierig sein, dass ich vor lauter Genuss nicht gleich bessere Laune bekomme.

Ich empfinde es als ausgesprochen wichtig, dass ich mir immer wieder – nicht nur auf Reisen und auch nicht nur, um Probleme zu wälzen – einen Kraftplatz schaffe, indem ich mir ein Lagerfeuer anzünde. Natürlich gibt es andere Arten von Wohlfühlorten: eine Badewanne, die Wellnessoase, das heimische Bett ... aber auf Reisen ist der Licht- und Wärmekreis eines Lagerfeuers wahrscheinlich die praktikabelste Weise, sich mitten in der Natur einen eigenen Raum zum Geborgensein und Krafttanken zu schaffen. Probier es einfach mal aus!

LAGERFEUER FÜR UNGEDULDIGE

★ Nutze eine Feuerschale

Ohne die Möglichkeit, ein Lagerfeuer zu machen, kann ich mir keine Tour vorstellen, deshalb ist in meinem kleinen Kastenwagen immer eine Feuerschale mit on tour. Feuerschale deswegen, weil es mir ganz wichtig ist, dass meine (in der Regel Freisteh-)Lager völlig ohne Spuren von mir bleiben. Ich möchte meinen Nachfolgern und den Einheimischen weder Brandflecken im Gras noch Asche hinterlassen. Gerne nutze ich natürlich vorhandene Stellen, aber selbst lege ich selten frische an, außer ich bin wirklich abseits jeglicher „Zivilisation". Außerdem kann ich in meiner Feuerschale mit passendem Grillrost ganz leicht grillen – auf den meisten Feuerstellen geht das nicht (so gut).

★ Mach es dir leicht

In der Regel bin ich ein relativ geduldiger Mensch – allerdings nicht beim Feuerentzünden. Mein Lagerfeuer soll am besten sofort brennen, für langwieriges Anzünden habe ich überhaupt keine Geduld. Natürlich könnte ich auch trockenes Material als Zunder suchen, aber dazu reicht meine Lust meist nicht (außer ich fange früh am Nachmittag an oder habe gleich welches parat). Um es mir leichter zu machen, nutze ich ganz pragmatisch in Wachs getränkte Holzwolle, die ich „Mädchenanzünder" nenne. Feuerzeug hinhalten – brennt – gut!

★ Feuerholz ohne Ende: ein gutes Gefühl

Mein Van ist klein, aber ich habe einen relativ geräumigen Platz für Feuerholz reserviert. Denn es ist mir zur Gewohnheit geworden, beim Spazierengehen zwei Müllsäcke mitzunehmen: einen, in den ich herumliegenden Müll stecke, den anderen, in dem ich Reisig, trockene Äste und Tannenzapfen sammle. (Größeres Feuerholz suche ich rund um meinen Bus, das schleppe ich nicht beim Spazieren mit mir herum.) Idealerweise kann man diese Säcke fest zuzurren, damit die mitgesammelten Insekten sich nicht im Bus verteilen. Da ich meine Vorräte immer wieder auffülle, habe ich stets ausreichend Brennstoff, auch für spontane Lagerfeuer.

In meinem kleinen Shop findest du übrigens all die Lieblings-Wohlfühldinge, mit denen du dir deine Reisen verschönern kannst:

♥ www.cool-camping-wohnmobil.de/shop/

ALTERNATIVE FEUERSTELLEN

Wenn du dir lieber ein ganz ursprüngliches Feuer bauen möchtest (oder keine Feuerschale hast), dann gibt es die unterschiedlichsten Arten, eine Feuerstelle aufzubauen. Hier die einfachste Variante für Reisende ohne viel Werkzeug:

★ Rundfeuer – der Kranz aus Steinen

Das Rundfeuer ist DER Klassiker der Feuerstellen. Das Bauprinzip gehört in die Kategorie „Wärmefeuer" (im Gegensatz zum „Kochfeuer") und dient in der Regel eher zum schnellen Aufwärmen. Nach dem Abbrand der Holzscheite kann das Glutnest noch in sinnvoller Weise zum Grillen von Würstchen am Grillstock oder für Stockbrot genutzt werden. Auch Kartoffeln kann man (ohne Alufolie) einfach an den Rand der Glut legen und nach einer Weile mit etwas (Kräuter-) Salz genießen: herrlich! Im Steinrund kannst du das Feuerholz entweder als „Pyramidenfeuer" oder als „Tipi-Feuer" aufbauen.

★ Pyramidenfeuer

Zwei bis drei Hölzer werden schichtweise übereinandergelegt. Die Luftzufuhr ist hervorragend und gewährleistet einen guten Abbrand. Die aufgelegten Hölzer (am besten eignet sich natürlich kantiges, gespaltenes Holz) liegen lange stabil auf dem Anfeuerungsholz und rutschen nicht ab. Auf dem Foto siehst du ein „Schlüsselloch-Feuer": Bei stabiler Glut kannst du einen Teil davon nach rechts schieben, um dort z. B. einen Topf aufzusetzen, während links das Feuer weiterbrennt.

★ Tipi-Feuer

Über einem kleinen Feuerstarter (zum Beispiel Birkenrinde) werden kleine, bleistiftstarke Ästchen geschichtet. Drumherum lehnen sich die größeren Hölzer so aneinander, dass es wie ein Tipi aussieht. Für diese Bauweise eignet sich sehr gut unbearbeitetes Fundholz, sprich Rundholz und Äste.

DIE BESTEN HOLZSORTEN

Wahrscheinlich werden Wohnmobilfahrer ihren Schlafplatz nicht gezielt nach umliegenden Baumsorten wählen, um das perfekte Feuerholz suchen zu können. Aber interessant ist es doch, welche Hölzer man für welchen Einsatz am geschicktesten verwendet. Übrigens: Die meisten Laubbaumarten werden als Hartholz bezeichnet (mit Ausnahme von Erle, Linde, Pappel und Weide). Die meisten Nadelbäume zählen hingegen zum Weichholz.

★ Holzsorten zum Anzünden

Zum Entzünden bietet sich naturgemäß leicht brennbares Holz an, beispielsweise **harzige Hölzer wie Fichte, Kiefer, Lärche**. Aber Vorsicht: Bei diesen Holzarten ist besteht auch immer die Gefahr von Funkenflug!

Auch ein Bündel aus **abgestorbenen jungen Fichtenzweigen**, direkt vom Stamm gebrochen, bildet einen ausgezeichneten Anzünder. Die harzhaltigen Äste verbrennen sehr heiß und auch lange genug, damit sich die aufgelegten dickeren Äste gut entzünden können.

Last but not least lassen sich **trockene Zweigspitzen der Birke** gut zu Bündeln schnüren und anschließend als Anzünder verwenden. Ein exzellenter Feuerstarter ist außerdem **Birkenrinde**.

★ Holzsorten zum Wärmen

Birkenholz gibt eine schöne, wärmende Flamme ohne Funkenflug und ist damit ideal zum Aufwärmen an einem kalten Abend. Die Glut daraus hält allerdings nicht lange an – zum Kochen ist sie also eher ungeeignet.

Nadelhölzer liefern in kurzer Zeit die größte Hitze, haben aber wiederum den Nachteil von Funkenflug. Deswegen sind sie zwar sehr gut zum Anfeuern eines lang anhaltenden Feuers geeignet, werden dann aber besser durch Hartholz (von Laubbäumen) ersetzt.

★ Holzsorten zum Kochen

Zum Grillen und Kochen sind **Harthölzer wie Esche und Buche** die erste Wahl, weil sie eine **lang anhaltende Glut** erzeugen. Perfekt wird das Feuer auf einem Feuerbett aus Birken- oder Nadelholz.

FEUER-TIPPS VOM EXPERTEN

Rainer ist Wildnispädagoge, Spezialist für Überlebenstechniken, aber auch Jäger, Pilz- und Heilpflanzenkenner, und er führt eine eigene Wildnisschule. Ihn habe ich gebeten, mir so viele Tricks wie möglich zu verraten, mit denen man ohne großen Aufwand ein wunderschönes, wärmendes, pflegeleichtes und natürlich lang anhaltendes Feuer zaubern kann.

Lieber Rainer, ich habe dein wunderbares Buch schon mehrmals durchgelesen und bin fasziniert von den verschiedensten Feuerstellen, die du darin beschreibst. Nun bin ich aber weder im Überlebensmodus noch als Trapper unterwegs. Ich habe also weder geeignetes Werkzeug (Beil, Säge) dabei, noch bin ich im dichten Wald, um all die Hölzer zu finden, die du für ein perfektes Feuer vorschlägst. Ich möchte mir eigentlich nur ein kleines Genussfeuer in Pyramiden- oder Tipi-Form (siehe Seite 200) bauen. Beide sind ja im Prinzip gleich gut geeignet, oder gibt es Unterschiede?

Ich bevorzuge inzwischen mehr und mehr das Pyramidenfeuer. Es ist insgesamt stabiler und fällt nicht so schnell in sich zusammen! Ganz unten auf den Feuerboden kannst du auf ein Stück Rinde oder auf ein Stück Holz etwas Birkenrinde oder einen Feueranzünder brennend platzieren! Daneben legst du dann die restlichen Hölzer in Pyramidenform herum und beginnst, in die Höhe zu schichten.

Auf einem Foto hast du dicke Scheite darunter gelegt. Nutzt das etwas?

Ja, die unteren Holzscheite wirken wie ein Floß auf nassem Boden oder, wie hier, auf Schnee. Stell dir vor, du müsstest ein Feuer auf einer hohen Schneedecke entzünden – dann benötigt das Feuer eine Isolation nach unten.

Und wie bilde ich ein sogenanntes „Feuernest", wie du es nennst?

Das Feuernest muss die erste große Hitze bringen, damit die folgenden dickeren Aststücke auch sicher Feuer fangen können, selbst dann, wenn sie noch ein wenig feucht sind! Deswegen sind kleine, feine, dünne Ästchen, vorzugsweise von Nadelbäumen, ein guter Feuerstarter im Feuernest. Diese können eher locker geschichtet werden; und besser, du nimmst zwei Handvoll Feuernest-Material als zu wenig!

Darüber bzw. beim Tipi drumherum gehören dann dünne Hölzer. Bleistiftdick, sagst du … richtig?

Ja, das macht Sinn. Wir starten mit ganz feinen Ästchen, dann folgen die „Bleistiftchen", danach können fingerstarke Äste aufgelegt werden, und so kann immer dickeres Material dazugelegt werden.

Ich habe irgendwo gehört, dass man das oben liegende Holz anzündet, weil es nach unten brennt – aber intuitiv halte ich mein Streichholz immer ganz nach unten, weil die Flammen nach oben züngeln. Was sagst du?

Das ist die „Abbrand von oben"-Methode; sie wird gerne in Kamin- oder Kachelöfen angewendet. Dabei werden durch die obere Initialhitze so viele Holzgase freigesetzt, dass diese fast rückstandsfrei, ohne Rauchentwicklung, verbrennen können. Das könnte auch bei einem Lagerfeuer ein Vorteil sein, wenn es möglichst rauchlos betrieben werden soll!

Manchmal bin ich mit dem Nachschüren so beschäftigt, dass ich kaum zum Sitzen komme. Gibt es einen Trick, um ein Feuer ruhiger brennen zu lassen, ohne dauerndes Nachschieben?

Ein großer Holzvorrat ist eine gute Idee, vor allem, wenn es am Abend schnell dunkel wird. Dann liegt es natürlich an deinem Wärmebedürfnis, wie viel Holz nachgelegt werden soll, üppig oder sparsam! Letztendlich brennen Weichhölzer halt schneller ab als Harthölzer, deswegen sollte man mit den Weichhölzern beginnen. Später sind die Harthölzer von Vorteil für eine lang anhaltende, wärmende Glut!

Danke, Rainer. Ich freue mich schon sehr auf mein nächstes Feuerchen – dann mit Sicherheit noch schöner als bisher!

Alle Informationen und Fotos zu diesem Thema habe ich (mit freundlicher Genehmigung des Autors und des Kosmos-Verlags) dem wunderbaren, sehr inspirierenden Buch von Rainer entnehmen dürfen:
Rainer Schall: Feuer, Flamme, Glut und Zunder

Mehr zu den Feuerkursen von Rainer Schall findest du auf seiner Webseite:
www.outdoor-workshop.de

Don’t ask what the world needs.
Ask what makes you come alive, and go do it.
Because what the world needs
is people who have come alive.

Howard Truman

12.

Lass dich berühren!

Lebe! Liebe!

Lettland | Da steht ein junger Mann im Regen, mitten auf der ewigen Gerade durch den lettischen Wald, und grinst mir zu. Ich lächle, bringe meinen Kasten zum Stehen, setze zurück, und der Spanier lässt sich freudig plappernd auf den Beifahrersitz fallen. Er verteilt seine nassen Klamotten zum Trocknen im Innenraum und nippt dankbar an meinem Tee aus der Thermoskanne. Rafael strahlt mich an – er leuchtet von innen, ich bin verzaubert. Und ansatzlos, als ob wir nur darauf gewartet hätten, tauschen wir uns während vier Stunden Geradeausfahren über unsere Weltanschauungen aus. Wir reden über die Gesellschaft in unseren Ländern, über die Zukunftsvisionen unserer beider Generationen und über unsere eigenen. Wir sprechen darüber, wie alt wir uns fühlen und ob diese Einsicht etwas mit uns macht: Geben wir mehr Gas im Leben, weil wir noch jung oder weil wir schon so alt sind? Es ist wundervoll, sich zu unterhalten, und wir spüren beide, dass wir uns – trotz des Altersunterschieds – nahe sind. Kilometerlang lachen wir uns aus vollem Herzen kaputt oder schweigen, weil wir über den Gedanken nachdenken. Wir lächeln uns an, verraten uns tiefe Geheimnisse. Irgendwo muss er aussteigen, wir umarmen uns herzlich und gleichzeitig geben wir uns den Rat, uns ohne Angst und immer mit Vollgas ins Leben zu stürzen ...

... OH LET'S RUN AWAY
AND NOT KNOW WHERE WE'RE GOING TO
LET'S GO FOR TODAY
AND IT'S ALL GOING TO BE WONDERFUL ...
"GOING TO BE WONDERFUL" VON TOM ROSENTHAL

Slowenien | Als ich von einem Fotostopp zurück zum Auto komme, sehe ich Paul mit Edding einen Pizzakarton mit dem nächsten Ort bekritzeln. Ich spreche ihn an und frage, ob ich helfen kann. Sein Bus sei kaputtgegangen und er könne ihn jetzt aus der Werkstatt holen. Klar, einen Umweg kann ich gerne machen, ich habe keine Eile ... und sofort fallen wir in ein inspirierendes Gespräch. Paul ist Engländer und mit Frau und kleinem Sohn den Sommer über europaweit unterwegs. Er arbeitet, seine Frau macht den Haushalt: Spießbürger. Wir lachen viel, als er davon erzählt, dass er auch in diesem unsteten Leben immer wieder zum ritualisierten Alltag zurückkehrt und Verschrobenheiten an sich entdeckt, die kurz vor dem Gartenzwerg enden. Als Filmemacher arbeitet er gerade für einen Auftraggeber in Slowenien und zeigt mir begeistert seine Drohnenaufnahmen. Wir unterhalten uns über unsere Jobs, über die Freiheit, die wir haben, die Anstrengung, die ebenfalls mit dieser Freiheit verbunden ist. Weil die Werkstatt wegen Mittagspause geschlossen hat, gehen wir wie selbstverständlich noch einen Kaffee trinken und freuen uns beide, dass wir unser Gespräch weiterführen können. Wir muntern einander auf, Paul gibt mir viele Motivations- und praktische Tipps, und ich kann ihm viele meiner Erfahrungen erzählen; es ist wie ein Gespräch unter Kollegen, die sich seit Ewigkeiten kennen und mögen. Als er seinen Bus fertig repariert aus der Werkstatt holen kann, verabschieden wir uns mit den Worten: See you soon! Weil man sich ja immer zweimal sieht ... und unter Kollegen sowieso.

Albanien | Und dann die Begegnung mit dem Alten auf dem albanischen Felsen. Es ist sehr früh am Morgen. Ich habe die Nacht irgendwo an der Küste auf einer Klippe verbracht und sehe mir den Sonnenaufgang an. Als ich da so stehe und schaue, stellt sich ein Alter neben mich. Wir lächeln uns an und schweigen. Und lächeln. Dann erzählt er mir aus seinem Leben: dass er im Krieg dort hinten auf der Insel war; dass er drei Kinder hat, alle drei überall auf der Welt verstreut; und dass er jeden Tag darüber weint; dass er Fischer war und Angst auf dem Meer hatte, aber nichts anderes machen konnte, um seine Familie zu ernähren ... All das erzählt er mir in Brocken auf Albanisch, Italienisch, Englisch, Deutsch ... und mit Händen und Füßen ... und Blicken. Schön und ruhig und intensiv stehen wir da und empfinden den Krieg und das Leid und die Traurigkeit. Und dann strahlt er mich an und sagt auf Englisch: „But life is fun." Ich weiß nicht, woher er diesen Spruch hat, aber diese Worte prangen seit Jahren schon in meiner Wohnung – als mein andauerndes Lebensmotto. Und ich kann nicht anders: Ich umarme ihn und spüre, wie nah wir uns sind. Eine pure Herzbegegnung. Verständnis und – ja – Liebe.

Schottland | Am nördlichsten Ende der Insel lasse ich mir am Kiosk meine ersten Fish 'n' Chips des Lebens schmecken. Na ja ... zu fettig, zu dicke Kartoffeln, wenig Geschmack, zu viel Essig ... Die beiden englischen Motorradfahrer neben mir am Stehtisch lästern vergnügt und empfehlen mir dringend, in ihrer Heimatstadt, am anderen Inselende, mal richtig leckere Fish 'n' Chips zu essen. Sofort albern wir herum und verbringen einen wahnsinnig lustigen Abend, erst am Kiosk, dann an der Klippe, später im Pub. Wir plaudern über unser Leben, unsere Leidenschaften, über das Reisen und unsere verschiedenen Welten. Unser Lachen verbindet uns deutlich mehr als die sehr unterschiedlichen politischen Ansichten – die trennen uns im Kopf, aber unser Grinsen verbindet uns im Herzen. Es ist schön, ein paar Stunden mit anders denkenden Menschen zu verbringen und dabei doch zu spüren, wie liebevoll die Welt sein könnte, wenn wir alle unsere politischen Ansichten außen vor lassen würden. Und ich bin sicher, dass nach diesem Abend zwei Engländer etwas gnädiger auf uns „strenge, weltverbessernde" Deutschen blicken, einfach weil die beiden ein wenig von ihren Vorurteilen abgerückt sind.

Tadschikistan | In Spuckweite von Afghanistan schlagen wir unser Nachtlager auf, nur der Grenzfluss trennt Tadschikistan von gegenüber. Es ist einfach zu dunkel, um auf dieser ungesicherten Schotterpiste weiterzufahren. Drei Autos bzw. sechs Deutsche bauen eine „Wagenburg" um das Lagerfeuer. Ganz wohl ist uns nicht an diesem Platz, so nahe dem Land, vor dem alle warnen! Und prompt rückt ein Lkw an. Ich empfinde es sofort als extrem unheimlich, als ein Trupp Soldaten aussteigt: bewaffnete tadschikische Grenzer. Sechs junge Männer, fast Buben, stehen uns mit Kalaschnikows gegenüber. Versteinerte Gesichter. Wir grüßen freundlich, fröhlich, lächelnd. Der Chef fordert uns grimmig auf, weiterzufahren. Aber wir sind so müde, es ist stockdunkel, und wir möchten einfach nur schlafen, sind morgen früh weg ... Mit Händen und Füßen erklären wir uns, er aber beharrt auf die Weiterfahrt, scheucht uns fast weiter. Wir versuchen es noch mal, laden die Soldaten ein, uns ans Feuer zu begleiten, lächeln, zeigen auf unser Bier, fordern sie auf, sich zu uns zu setzen. Die Soldatenjungs bleiben breitbeinig und mit starrer Miene stehen, klicken mit ihren Gewehren, sind furchteinflößend. Ihr Chef erklärt, dass es hier gefährlich sei, zeigt immer wieder hinüber, hält sein Gewehr in Richtung Afghanistan. Wir lächeln weiter, scheinen unbeeindruckt und beraten uns: Die Mehrheit will bleiben. Wir diskutieren, ob Gefahr besteht, haben aber irgendwie alle das Gefühl, dass die Tadschiken uns wohlgesonnen sind. Und irgendwann gibt der Kapo auf. Er erklärt noch irgendetwas, das wir nicht verstehen, wohl im Sinne von: Da hinten sind wir stationiert. Dann rückt er ab und lässt einen seiner Soldaten bei uns am Feuer zurück. Ich bin unsicher, ob er uns bewachen oder beschützen soll, aber langsam taut er auf, geht auf unsere Witze ein, tauscht unsere Zigaretten gegen seine, isst mit uns, lümmelt sich auf dem Stuhl, allerdings ohne die Knarre loszulassen. Spätnachts geht er zu seiner Unterkunft zurück. Wir blicken noch mal durch die tiefste Finsternis über den Fluss auf die leuchtend helle Felswand Afghanistans und kriechen in unsere Autos zum Schlafen. Pünktlich zum Frühstück brettert der Lkw mit den Soldaten erneut auf unseren Platz. Im Hellen sehen die Jungs viel weniger gefährlich aus. Jeder will ein Selfie, jeder mit jedem, es ist eine fast ausgelassene Stimmung. Der Chef zeigt noch einmal hinüber aufs Feindesland, wir sehen durch sein Fernglas eine kleine Gruppe Menschen, die den Fels hinaufsteigen – Schmuggler, Terroristen oder einfach nur Hirten, Einheimische? Wir haben bis heute keine Ahnung, wie gefährlich dieser Rastplatz wirklich war. Er sprach von großer Gefahr, aber wir spürten, dass sie auf uns aufpassen wollten, und vertrauten unserem Gefühl. Wir haben uns auf unsere (selbstüberschätzende?) Gewissheit verlassen, dass uns mit unserer (naiven) Freundlichkeit, unserer (unbedarften) Fröhlichkeit nur dasselbe Gefühl gespiegelt werden kann – und es hat (wieder einmal) genau so geklappt.

„To travel is to discover that everyone is wrong about other countries."

Aldous Huxley

Georgien | Mit der Fähre komme ich in der Hafenstadt Batumi an und will mir die Stadt ansehen. Langsam spaziere ich durch die möglichst kleinsten Gassen, stolpere in den Basar, kaufe mir ein frisch dampfendes Fladenbrot aus der Backstube und genieße diese Stadt. Ich bin begeistert und strahle alle Menschen an – und bekomme ausnahmslos offenfreundliches Lächeln zurück! Zehn von zehn Lächelpunkten auf meiner internen Bewertungsliste gehen nun an diese Stadt. Ich bewerte jeden Ort nach der Häufigkeit, in der mir zurückgelächelt wird, und von einem Punkt (in Kaliningrad) bis zu neun Punkten (in Helsinki) war schon alles dabei. Volle zehn Punkte, eigentlich elf, weil ich angelächelt werde, bevor ich selbst überhaupt loslege, waren bislang nie dabei. Großartig! In dieser Stimmung schlendere ich durch ein Wohnviertel, blicke in die Höfe, in die offenen Fenster, lausche den Stimmen, Klängen, den laut tobenden Kindern ... Auf der Straßenseite gegenüber sitzt eine Oma auf einer Bank vor ihrem Haus. Sie lächelt zurück, hell. Ich gehe wie magisch angezogen zu ihr hinüber, grüße sie auf Georgisch. Sie strahlt, deutet auf den Platz neben sich. Ich setze mich dazu, ganz eng. Wir schweigen, strahlen uns an. Sie tätschelt meine Hand, ich halte die ihre fest. Wir sitzen auf der Bank, die Köpfe aneinandergelehnt, verstehen kein Wort des anderen, aber erzählen uns doch etwas. Welch wundervolles Gefühl, die Oma getroffen zu haben, die irgendwie ein Teil von mir ist. Irgendwie kennen wir uns, auf irgendeiner Ebene wissen wir voneinander. Es ist eine zutiefste Herzbegegnung, an die ich mich seitdem fast jeden Tag erinnere und dabei lächle.

Und ich treffe Menschen auf Campingplätzen, die mich berühren; auf Autobahnraststätten; auf Parkbänken. Männer und Frauen, Jung und Alt. Ich führe Gespräche über den Sinn des Lebens, verratsche unzählbar viele Stunden in Dunkelheit bei Kerzenschein oder am Lagerfeuer – und es sind immer noch viel zu wenige. Ich könnte mein ganzes Leben so verbringen ... Aber ich weiß, dass ich noch ein Zuhause habe, Kinder, mit denen ich stärker verbunden bin als mit irgendjemand anderem. Zu denen ich so gerne zurückfahre, um mit ihnen den Alltag zu leben. Doch immer wieder zieht es mich auch los in diese Welt, zu den Menschen, die auf mich warten und deren Herz das meine berühren will. Ich finde sie auf meinen Reisen, da mich nur mein Alleinsein den Menschen so nahe bringt. Sie lassen mich ihre ganze Nähe spüren, da ich harmlos bin, offen, schutzlos in diesen Momenten – das öffnet ihre Herzen. Und wir schaffen in unserer flüchtigen Begegnung ein Band der Liebe. Eines, das die Welt mit einem kleinen Strom aus liebevoller Schwingung bereichert.

Ich bin ganz fest davon überzeugt, dass nur eine positive Verbindung die Menschen einander verstehen und miteinander den Weg des Lebens gehen lässt. Mach mit, lass dich berühren und verbinde dich!

Lass dich berühren!
Lebe!
Liebe!

Im Gespräch

... MIT MIR, SUSANNE, ALLEINREISENDE, GRAFIKERIN UND AUTORIN

Jetzt mal im Ernst, Susanne. Alle Touren zusammengerechnet, bist du inzwischen gut und gerne seit bald zwei Jahren allein im Van unterwegs und keiner versteht so recht, warum. Das ganze Buch befragst du alle möglichen Leute und versteckst dich schön im Hintergrund. Jetzt lass doch du mal hören ...

Grundsätzlich stellen sich in deinem Umfeld alle die Frage, wie du das eigentlich machst, permanent auf Reisen zu sein ...

Dauernd unterwegs stimmt so eigentlich nicht ganz. Aber ja, ich bin wirklich deutlich häufiger nicht zu Hause als ein „normaler" Arbeitnehmer mit festen Urlaubstagen. Deswegen arbeite ich aber nicht weniger. Ich würde sogar sagen, dass ich überdurchschnittlich viel arbeite.

Du sagst, du arbeitest von unterwegs – schwer zu glauben. Schließlich sieht man nur Fotos von fast täglich wechselnden Plätzen, also musst du sehr viel fahren. Wann sollst du da noch arbeiten?

Tja, dafür muss man echt sehr diszipliniert sein! Acht Stunden schlafen, acht Stunden fahren, acht Stunden arbeiten ... ungefähr. Natürlich darf ich auch mal früher Feierabend machen oder fahre mal an einem Tag nicht, weil der Platz so toll ist. Aber grob würde ich sagen, dass ich von drei Wochen unterwegs zwei in Vollzeit arbeite. Und fahren ist ja auch ein bisschen Job, schließlich entwickle ich Tourenvorschläge oder schreibe Stellplatz-Checks, z. B. für die Zeitschrift Reisemobil International. Urlaub, wie man so Urlaub macht, ist es definitiv nicht.

Findest du das nicht anstrengend?

Doch, hin und wieder schon. Immer wieder fühle ich mich gestresst von dem Zuviel. Zu viel Arbeit, zu viel Anspruch, zu viel erleben wollen, zu viel Zeitdruck. Aber ... dieses Gefühl habe ich zu Hause im Homeoffice auch manchmal. Nur dass ich dann den „Druck" nicht selbstbestimmt ausgesucht habe. Da kommt der Stress

meist von außen – unterwegs von innen. Das macht den entscheidenden Unterschied, weil selbst gewählt.

Aber es gibt ja einen Grund, warum du dir diese Reisen „antust" – obwohl sie manchmal anstrengend sind (was dir eigentlich auch keiner glaubt).

Klar! Es gibt viele Gründe dafür. Darüber könnte ich ein ganzes Buch schreiben!

Vielleicht kannst du einfach mal den wichtigsten nennen, warum du so gerne unterwegs bist?

Bei den ersten Touren war mir das Allerwichtigste, mich komplett abzuschotten, ich suchte ein Eremiten-Dasein. Ich war wochenlang fast ohne zu reden unterwegs, wollte dringend pure Ruhe! Das war toll, und ich habe in dieser Zeit viel über mich gelernt!

Inzwischen bin ich auf „Voll-Kontakt". Ich will Begegnungen finden, mit allen reden, ob Reisende, Tramper, Straßenhändler, Einheimische ... Es gibt so unfassbar viel zu lernen und zu erfahren von Menschen. Ich finde es großartig, wie viele tolle Leute es auf der Welt gibt. Und dass ich die alle treffen darf!

Manchmal sagst du nach einer Reise sogar, dass du das Gefühl hast, mehr gequatscht zu haben, als gefahren zu sein. Hast du nicht Angst, dass du mal an den Falschen gerätst?

Nie. Klar trifft man auch doofe Menschen, unangenehme Typen und – am schlimmsten – langweilige Leute. Aber ich bin ja schon groß und kann ausweichen, davongehen, wegfahren. Ich verbringe keine Minute mit Gestalten, die mir nicht guttun. Und menschlich wirklich gefährliche Situationen hatte ich noch nie. Wahrscheinlich, weil ich sie einfach sehr gut vorher einschätzen kann. Nein, wirklich: Ich treffe eigentlich nur spannende, tolle, liebenswerte Menschen, die mich inspirieren und mein Herz berühren.

Aber warum bist du denn am liebsten alleine unterwegs?

Wenn du an dieser Stelle des Buches immer noch nicht verstanden hast, warum es ein wahrer Traum ist, alleine loszufahren, dann lies es bitte noch mal ganz von vorne!

Dürfen wir dann wenigstens noch deinen Sinn des Lebens erfahren, wenn du schon alle anderen danach befragst?

Tja, wenn ich den schon wüsste, dann würde ich wohl nicht mehr so penetrant nachbohren, oder? Außerdem hätte ich einen Grund weniger, zu reisen – denn die Sinnsuche ist doch (m)ein Grund, loszufahren!

Mehr über Susannes Reisen mit ihrem Franz erfährst du unter:
♥ www.der-franz-und-ich.de

Mein Tipp

„HERZBEGEGNUNGEN" SUCHEN, SAMMELN, BEWAHREN

Nur mit Liebe macht das Reisen Sinn, nur mit Liebe wird ein Solotrip zum wertvollen Erlebnis, das sich für immer im Gedächtnis einbrennt. Natürlich ist es wichtig, zuerst das Alleinsein zu zelebrieren und zu lernen, Einsamkeit in Alleinsein verwandeln zu können. Aber dann sind es die Begegnungen mit Menschen, die dich berühren und dein Leben krönen.

Es muss nicht viel sein, was passiert. Oft kann man sich aufgrund fehlender Sprachkenntnisse überhaupt nicht unterhalten. Aber ein tiefer Blick in die Augen der Marktfrau in Kroatien, die mir mit strahlendem Lächeln und dreckig-groben Händen zärtlich die Kirschen einpackt, genügt bereits. Oder der griechische Campingplatz-Besitzer, der laut klatschend mein Rückwärtseinparken mit einem begeisterten Ausruf kommentiert und daraufhin einen selbst gebrannten Ouzo zum Anstoßen hervorzaubert. Auch der sehr alte Litauer, den ich im Franz mitnehme und der mir in seiner Sprache erklärt, was ich gerade sehe. Nein, ich verstehe ihn leider nicht, aber seine Begeisterung, die er mir in diesem Moment für seine Heimat mitgibt, erfreut mich – sie wird für mich immer mit Litauen in Verbindung bleiben. Die wohlig-warm-weiche Umarmung der alten Frau in Albanien, die mich ihre selbst gebrannten Schnäpse testen lässt und mit albanischen Erklärungen überschüttet. Am Ende lachen wir immer noch laut mit- und übereinander, da wir zwar kein Wort des anderen verstehen, aber dennoch die Herzlichkeit spüren.

Wie gut es tut, sich mit den Menschen dieser Welt verbunden zu fühlen! Mein Alleinsein ist eine Ansammlung von Begegnungen, die mir das Gefühl geben, niemals einsam zu sein. Auch wenn dieses Gefühl in manchen Momenten vielleicht nicht reicht und es trotzdem schwarz um mich ist – sobald ich die generelle Verbundenheit verinnerlicht habe, fühlt sich einsame Traurigkeit nicht ganz so schlimm an! Deshalb:

★ **Suche mit aller Offenheit nach Herzbegegnungen**
Nimm (dir sympathische!) Anhalter mit und lass dich überraschen von tollen Gesprächen. Meist sind es sehr offene Menschen, die sich zu Fremden ins Auto setzen, weil sie auf das Gute in der Welt vertrauen.

Setze dich zu anderen Menschen an den Café-Tisch, um zu plaudern. Steig gleich mit tiefen Themen ein: die meisten Menschen sind sehr erfreut, sich wirklich gut unterhalten zu können! Du wirst staunen!
Bleibe offen, freundlich und neugierig und bringe ein Leuchten in die Welt. Du wirst zwar als Fremder erkannt, aber deine positive Ausstrahlung wird dazu beitragen, dass die Menschen grundsätzlich weniger Scheu vor unbekannten Besuchern haben.

★ Schreibe deine Herzbegegnungen auf

Sammle deine Herzbegegnungen und markiere sie in deinem Kalender – so kannst du sehen, wie oft es eigentlich passiert, auch im Alltag. Ein kurzes, intensives Gespräch zur rechten Zeit, eine unerwartet zugewandte Mail. Ein strahlendes Lächeln, ein tiefer Blick. Eine spontane Umarmung vor Freude, ein aufmunterndes Schulterklopfen, eine warme Geste zum Trost. Wie oft passieren uns diese „Kleinigkeiten", in denen dir (fremde) Menschen zeigen, dass du sie berührst. Lass dich darauf ein, sammle diese Momente. Und sende sie selbst, so oft du kannst, aus, denn umso mehr wirst du zurückbekommen.

★ Erinnere dich an alle Herzbegegnungen

Ich bin meist zu scheu, um Selfies mit all diesen tollen Menschen zu machen. Manchmal kommen aber die anderen auf die Idee, oder ich denke im richtigen Moment doch noch daran. Stellvertretend für alle anderen, die ich nicht fotografisch festgehalten habe, gibt es zu Hause eine kleine Galerie mit den schönsten Momenten zu zweit, die mich immer zum Lächeln bringen. Von Omas, Polizisten, Mitreisenden, Fischern, Marktfrauen, Pensionsbesitzerinnen, Motorradfans, Jugendlichen ... herzerwärmend. Sie erinnern mich daran, wie unfassbar wertvoll mein Alleinreisen für mich ist.

Meine Touren allein sind kein Urlaub, kein Nur-mal-vom-Alltag-Abschalten. Meine Alleinreisen zeigen mir die Welt, wie sie mir gefällt – durch die Begegnungen, die mich immer weiter wachsen lassen. Und deren liebevolle Momente, davon bin ich zutiefst überzeugt, nicht nur mich, sondern die ganze Welt verbessern.

Wer vor der Tür steht, hat den schwersten Teil der Reise schon hinter sich.

Und jetzt? Ich hoffe, dass ich dir alle Fragen beantworten und alle Sorgen nehmen konnte. Und ich bin sicher, dass es dich jetzt juckt, baldmöglichst zu starten …

Wann fährst du also los?

Wohin wirst du steuern?

Womit willst du zurückkommen?

Was ist das Schönste, das dir unterwegs passieren wird?

1.

2.

3.

Bei Fragen, Anliegen, Wünschen oder wenn du mir deine Reiseimpressionen senden möchtest (worüber ich mich sehr freue!), schreib mir doch gerne:

♥ servus@solovan.de

Fahr los!
Sei frei!

Inspirationen
DER SINN DES LEBENS MIT DEM IKIGAI-MODELL

Ikigai bedeutet frei übersetzt „das, wofür es sich zu leben lohnt", „die Freude und das Lebensziel" oder „das Gefühl, etwas zu haben, für das es sich lohnt, morgens aufzustehen". Diese japanische Methode ist ein effektiver Weg, seinen Sinn des Lebens, den persönlichen Zweck der Existenz und vor allem auch seine Berufung herauszufinden. Wer sein Ikigai findet, dem erschließt sich ein Gefühl der Lebensfreude, eines stimmigen, sinnerfüllten Lebens und einer inneren Zufriedenheit im Einklang mit sich selbst.

Ziel ist, deine Lebensaufgabe auf Basis der individuellen Veranlagung und Talente zu finden, die zu Selbstverwirklichung, Erfüllung und Zufriedenheit führt. Der Idealzustand des Ikigai ist erreicht, wenn du etwas findest, in dem sich alle Bereiche treffen: Du brennst für etwas, was du gut beherrschst, was die Welt brauchen kann und wofür du bezahlt wirst.

ERARBEITE DEIN EIGENES IKIGAI

Um die Selbsterforschung richtig und wirkungsvoll anzugehen, schreibe in Ruhe und ganz frei auf, was dir spontan in den Sinn kommt – auch völlig Unrealistisches. Gewähre dir Zugang zu deinem Unterbewusstsein, in dem viele verborgene Träume und Sehnsüchte schlummern. Folgende Fragen sollen dir helfen, deinem eigenen Ikigai – der Schnittmenge von allen vier Bereichen – auf die Spur zu kommen:

★ **Passion (Leidenschaft):**

- Was begeistert dich, entfacht Leidenschaft und macht dir so richtig Spaß?
- Bei welchen Tätigkeiten vergisst du die Zeit? Wann bist du im Flow?
- Was kannst du sehr lange machen, ohne müde zu werden?
- Worüber kannst du stundenlang mit Enthusiasmus reden?
- Wenn du einen ganzen Tag das tun könntest, was du am liebsten machst: Was wäre das?

★ **Berufung (Talente):**

- Was kannst du richtig gut? Worin bist du begabt?
- Was kannst du besser als andere?
- Welche Ausbildung hast du? Was hast du gelernt?
- Hast du weitere, vielleicht auch ungewöhnliche oder auf den ersten Blick unbedeutende Fähigkeiten? Ganz besondere Talente?

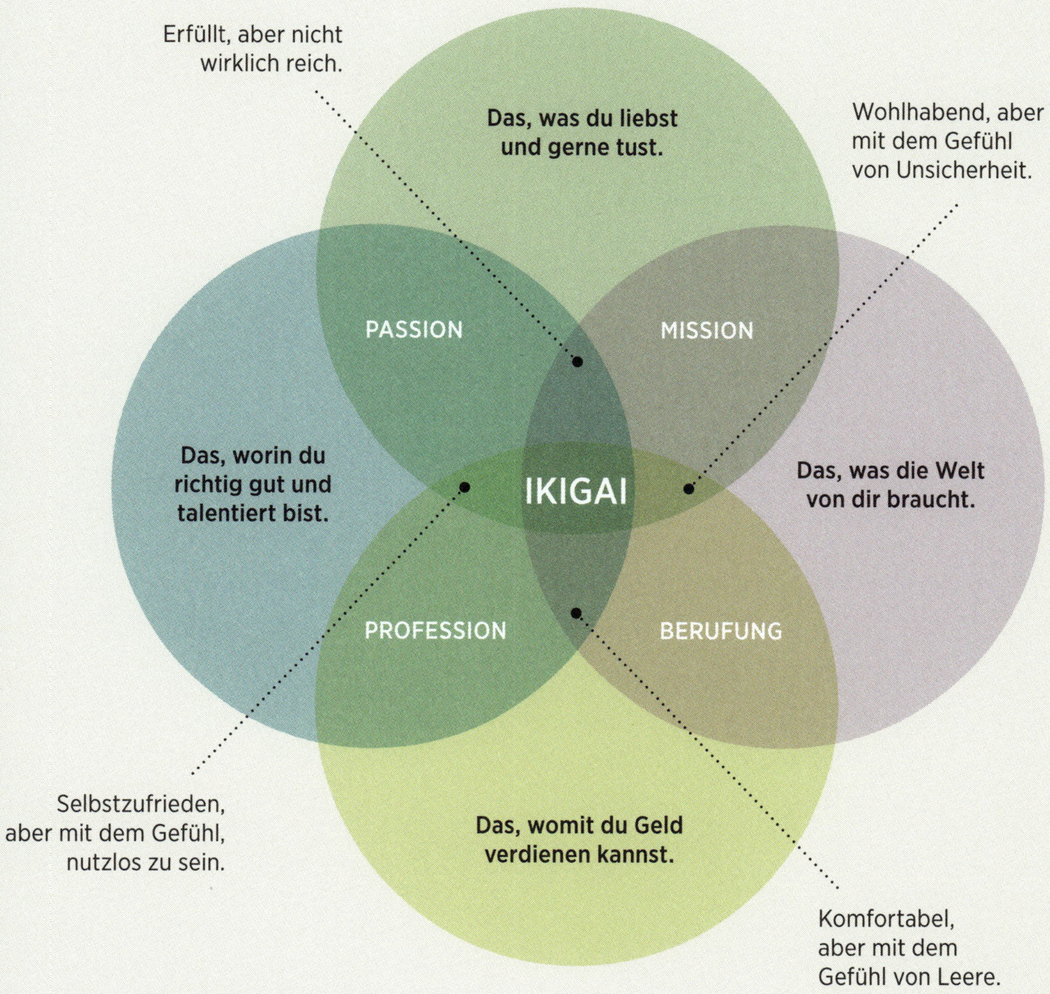

★ Mission (Aufgabe):
- Wovon bist du im tiefsten Inneren überzeugt? Was entspricht deinen Werten?
- Wenn du nicht mehr hier bist: Was soll von deinem Wirken in Erinnerung bleiben?
- Falls du eine Zeit lang nicht da wärst: Was würde fehlen oder liegen bleiben?
- Wem oder wo würdest du ganz besonders fehlen?

★ Profession (Beruf):
- Was ist dein Beruf? Wofür wirst du bezahlt?
- Könntest du mit anderen Dingen, in denen du besonders gut bist, ebenfalls Geld verdienen?

Mehr dazu und andere erhellende Informationen erhältst du beim Online-Magazin für den Sinn des Lebens, Philosophie, Glück und Motivation:
♥ www.sinndeslebens24.de

Inspirationen
BÜCHER, DIE BEGEISTERN

DREI FREUNDE, EIN TAXI, KEIN PLAN | **Paul Archer und Johno Ellison**
DuMont Verlag
Drei Kumpels starten in London mit der verrückten Idee eines Roadtrips ohne Plan mit einem Taxi über den größtmöglichen Umweg nach Sydney. Sehr lustig zu lesen.

ROADTRIP | **Jennifer und Peter Glas**
Reisedepeschen Verlag
Ein wunderschöner Lese-Bildband über eine abenteuerliche Hochzeitsreise im Oldtimer-Unimog auf dem Hippie-Trail über den Balkan, Iran, Indien und Südostasien bis nach Wladiwostok.

DIE ENDEN DER WELT | **Roger Willemsen**
S. Fischer Verlag
Auf fünf Erdteilen war Roger Willemsen unterwegs, um seine ganz persönlichen Enden der Welt zu finden. In diesen grandiosen literarischen Reisebildern geht es um Enden: um ein Ende der Liebe und des Begehrens, der Illusionen, der Ordnung und Verständigung. Um das Ende des Lebens – aber auch um den Neubeginn.

COUCHSURFING IN RUSSLAND | **Stephan Orth**
Malik Verlag
Zehn Wochen lang sucht Bestsellerautor Stephan Orth zwischen Moskau und Wladiwostok nach kleinen und großen Wahrheiten. Und entdeckt auf seiner Reise von Couch zu Couch ein Land, in dem sich hinter einer schroffen Fassade unendliche Herzlichkeit verbirgt; und das die schönsten Begegnungen schenkt. Auch im Iran und in China war er couchsurfend unterwegs.

THE TRAVEL EPISODES | **Johannes Klaus et al.**
Malik Verlag
Die Autoren dieser Reihe sind dort unterwegs, wo für andere das Reisen oft schon zu Ende ist. Sie erzählen von ihren Abenteuern und Ängsten, der Liebe und der einen oder anderen wundersamen Erkenntnis. Die besten Reportagen für alle, die ihr Fernweh immer wieder stillen müssen, für die Reisen und Leben eins sind.

BLOGS, DIE BEFLÜGELN

REISEDEPECHEN | **www.reisedepeschen.de**
Die für mich inspirierendsten Texte zu gedankenvollem Unterwegssein, ungewöhnlichen Reise-Ideen und neuen Sichtweisen. Autoren reisen in alle Welt. So schön!

PATASCHAS WORLD | **www.pataschasworld.com**
Als leidenschaftliche Globetrotter, Roadtrip-, Outdoor- und Adventure-Fans, Träumer und positive Weltveränderer leben Patrick und Tascha das Vanlife. Außerdem organisieren sie das tolle Van-Treffen **www.freiheitsmobil.com**.

CAMPERSTYLE | **www.camperstyle.net**
Bei meinen Camping-Blogger-Kollegen hole ich mir Ratschläge, wenn es um eher „trockene“ Themen wie Technik, Checklisten, Vorschriften und Campertests geht.

ABENTEUER UNTERWEGS | **www.abenteuer-unterwegs.de**
Nima ist freiheitsliebende, abenteuerlustige Querdenkerin, ortsunabhängige Unternehmerin und schreibt über ihr Leben in einem Oldtimerbus.

MOOVINGROOVIN | **www.moovingroovin.de**
Mandy lebt und arbeitet seit knapp zwei Jahren in ihrem Van und reist alleine durch Europa. Und ihre Erfahrungen des Alleinreisens entsprechen komplett den meinigen …

MUSIK, DIE BEGLEITET

Lass dich auf deinem nächsten Roadtrip begleiten! **Auf Spotify habe ich dir zwei Playlists zusammengestellt,** die du unter meinem Namen sunny_münchen, dem Namen der Liste oder über folgende QR-Codes findest:

SOLOVAN * DANCE

SOLOVAN * CRUISE

… BUT MY MIND KEEPS SAYING
THERE IS NOWHERE TO RUN TO
(…) WHEREVER WE GO, WE GO,
WE GO, WE GO SLOW
(…) JUST ONE OF THESE DAYS,
WHEN YOU FEEL SO BRIGHT,
LEAVE IT ALL BEHIND
ALLOWS TO BRING ME DOWN,
I KEEP THE STATE OF MIND
OF A BRIGHTEST SIGN
(…) TAKE TIME. WHAT IT TAKES,
WHAT IT TAKES – WE GO SLOW …

"WE GO SLOW" VON FM LAETI

Danke!

MEIN HERZENSDANK AN …

… Charlotte, Luis und Max, die mich immer wieder reisen lassen und mir das wundervolle Gefühl geben, dass sie mich verstehen.

… Mami und Papi, die mir einfach immer vertrauen, dass alles gut ist und ich jedesmal besser zurückkomme.

… Annette, Katrin, Niki und Ati und meine vielen Blog-Leserinnen und -Leser, die mich virtuell begleiten, mit mir fiebern und mich wissen lassen, niemals einsam zu sein.

… Silke und Gaby, die mich auf meinen extremsten Reisen wahrhaftig begleitet und mit mir Abenteuer erlebt haben, über Grenzen gegangen sind und die höchstgelegensten und spannendsten Feierabend-Biere getrunken haben.

… alle Mechaniker, Werkstätten, ADAC-Mitarbeiter und Mitdenker, die mich bei Franz und Franz-Josef so oft geduldig beraten und meine Kästen immer wieder flott bekommen haben.

… alle meine Kundinnen und Kunden, deren Aufträge mich auf den Touren begleiten und mich von den schönsten Plätzen aus Geld verdienen lassen.

… all meine Herzbegegnungen auf Reisen. Menschen, die mich zutiefst berühren, die mich inspirieren, motivieren, relativieren. Ich danke euch, dass ihr immer im richtigen Moment auftaucht und mir meinen Sinn des Lebens gebt:

Liebe!

WWW.TACHICKS.DE

… und danke, Franz!

Register

A

Register

Wege entstehen dadurch,
dass wir sie gehen.
Franz Kafka

Mehr von der Autorin

WWW.COOL-CAMPING-WOHNMOBIL.DE
Meine Webseite rund um das Thema Wohnmobil-Reisen. Tipps für Anfänger, meine Lieblings-Campingplätze, Routen zum Downloaden, schöne Dinge und viele Inspirationen.

WWW.DER-FRANZ-UND-ICH.DE
Mein kleiner Reiseblog, in dem ich über die Roadtrips mit meinem Kastenwagen Franz durch Europa schreibe.

WWW.SOLOVAN.DE

Meine Webseite zu diesem Buch mit vielen weiteren Texten zum Thema Alleinreisen (im Wohnmobil).

COOL CAMPING WOHNMOBIL

Mein Buch – die Anleitung zum Wohnmobil-Fahren. Mit allen Tipps, die man zum Fahren, Wohnen, Leben und Freisein braucht!

SOLOVAN KARTENSET

Meine schönsten Fotos mit meinen Lieblingszitaten aus dem Buch. Zum An-die-Wand-Hängen und Inspirieren-Lassen. Erhältlich über meine Webseiten.

Ebenfalls erhältlich ...

ISBN 978-3-7343-1577-0

ISBN 978-3-7343-1154-3

Impressum

Verantwortlich: Kerstin Thiele
Redaktion: Helga Peterz
Layout: Susanne Flachmann
Umschlaggestaltung: Susanne Flachmann, www.polygrafica.com
Repro: LUDWIG:media
Herstellung: Anna Katavic
Printed in Slovenia by Florjancic

★★★★★

Sind Sie mit diesem Titel zufrieden? Dann würden wir uns über Ihre Weiterempfehlung freuen.
Erzählen Sie es im Freundeskreis, berichten Sie Ihrem Buchhändler oder bewerten Sie bei Onlinekauf. Und wenn Sie Kritik, Korrekturen, Aktualisierungen haben, freuen wir uns über Ihre Nachricht an: Bruckmann Verlag GmbH, Postfach 40 02 09, D-08702 München, oder per E-Mail an: lektorat@verlagshaus.de.

Unser komplettes Programm finden Sie unter
www.bruckmann.de

In diesem Buch wird aus Gründen der besseren Lesbarkeit das generische Maskulinum verwendet. Weibliche und anderweitige Geschlechteridentitäten werden dabei ausdrücklich mitgemeint, soweit es für die Aussage erforderlich ist.

Bildnachweis:
Alle Fotos, auch die der Umschlagvorder- und Rückseite, sowie Zeichnungen stammen von Susanne Flachmann, außer:
S. 35: Busbastler; S. 145: autarker.de; S. 200 unten bis S. 203: Rainer Schall, „Feuer, Flamme, Glut und Zunder“, Kosmos-Verlag; S. 200 oben: Heidi Velten, „Feuer, Flamme, Glut und Zunder“, Kosmos-Verlag; S. 190, 191, 193: Achim Geiselhart, www.paulchen-on-tour.de

Die Deutsche Nationalbibliothek verzeichnet diese Publikation in der Deutschen Nationalbibliografie; detaillierte bibliografische Daten sind im Internet über http://dnb.d-nb.de abrufbar.

Infanteriestraße 11a, 80797 München

ISBN 978-3-7343-2003-3